あなたのチームは、

パトリック・レンシオーニ

THE FIVE DYSFUNCTIONS OF A TEAM

PATRICKLENCIONI

伊豆原 弓 訳

機能して　ますか?

SE
SHOEISHA

THE FIVE DYSFUNCTIONS OF A TEAM by Patrick Lencioni.

はじめに

財務管理ではない。戦略ではない。技術ではない。競争における究極の武器はチームワークである。チームワークはそれほど強力で稀少なものである。

会社を興して年商一〇億ドルの企業に育てたある友人が、チームワークの力についてこう話してくれた。「組織のすべての人間におなじ方向を向かせることができれば、どの業界でも、どの市場でも、どんな競争相手に対しても、どんなときでも、圧倒的な優位に立てる」

この格言をリーダーたちに聞かせると、誰もがすぐにうなずくが、そこには絶望の色が見える。真実だとわかってはいるが、それを実現することの難しさに屈しているのだ。

それがチームワークの稀少たるゆえんである。研究者、コーチ、教師、メディアが長年注目してきたにもかかわらず、あいかわらずチームワークを築けない組織がほとんどである。チームは不完全な人間で構成されているため、本来、機能不全を起こすものだ。

だからといって、チームワークなど実現不能であるということではない。その反対だ。

強力なチーム作りは可能であり、驚くほど単純なことでもある。しかし、それはとてつもなく難しい。

人生にそのようなことは多いが、チームワークも、理屈の上では単純明快な行動パターンを習得するだけである。しかし、それを日々実践することはきわめて難しい。チームを崩壊させ、機能不全のもとである政治的かけひきを生み出す人間的な行動性向を克服したグループだけが成功を手に入れられる。

このルールは、チームワーク以外にもあてはまる。たとえば、筆者はリーダーシップに関する理論を追究していたとき、偶然このルールに遭遇した。

数年前、リーダーが陥りがちな行動の落とし穴を取り上げた処女作、『意思決定5つの誘惑』を書いた。その後、クライアントとつき合っているうちに、何人かが筆者の理論を「誤用」し、経営チームの仕事の評価、向上に使っていることに気づいた。しかも、それが成功しているのだ。

こうして、「五つの誘惑」はリーダー個人だけにあてはまるものではなく、多少の修正を加えればグループにも応用できることがわかった。しかも、企業のなかだけではない。多国籍企業の経営陣ばかりでなく、聖職者、コーチ、教師といった人たちにも、このルールがそのまま応用できることがわかった。そういうわけで本書ができあがった。

本書もほかの拙著と同様、まずは現実にありそうな架空の組織の物語から始まる。この手法をとると、読者は物語に没頭し、登場人物に共感できるため、効果的に学習しやすいことがわかった。また、理論とはちがう現実の環境のなか、仕事に追われ日常の些事に気をとられて単純きわまりない作業でさえ途方もなく感じられる状況で、これらのルールをどのように利用したらよいかを理解する手がかりにもなる。

この資料を読者の組織にも利用しやすいように、物語の後の短いセクションで五つの機能不全について詳しく解説した。このセクションでは、チームを評価するチェックリストと、チームが陥りがちな問題を解決するための推奨手法も紹介する。

最後に、本書はさまざまなCEOや経営陣と仕事をした経験から生まれたものだが、その理論は、社内の小さな部署のリーダーであれ、チームの一員として何らかの改善策を探している人であれ、チームワークに興味のある人なら誰にでも応用できるはずだ。いずれにしても、それぞれのチームが抱える機能不全を解消し、個人の力では到底なしえないことを実現するために役立てば幸せである。

そして、それこそが本当のチームワークの力である。

あなたのチームは、機能してますか？目次

第3部 苦難の時

THE **FIVE** DYSFUNCTIONS OF A **TEAM**

寓話

幸運

キャスリンがディシジョンテック社のＣＥＯにふさわしいと考えたのは、一人だけだった。さいわい、その人物は取締役会の会長だった。

こうして前のＣＥＯが解任されてから一カ月足らずののち、キャスリン・ピーターセンは、ほんの二年前に近年のシリコンバレーの新興企業のなかでもひときわ資金潤沢な有望株として話題を呼んだ会社の手綱をとることになった。会社がこの短い間にどれほどの窮状に陥ったのか、またこれからの数カ月間に何が自分を待ち受けているのか、キャスリンには知るよしもなかった。

第1部

THE **FIVE** DYSFUNCTIONS OF A **TEAM**

業績不振

経緯

ディシジョンテックは、サンフランシスコ湾から山をいくつかへだてた海沿いの霧深い農業の町、ハーフムーンベイにある。ここは厳密にはシリコンバレーではないが、バレーは地域というより文化を表す名前になっている。そういう意味では、ディシジョンテックがバレーの一員であることはまちがいない。

このうえなく経験豊富な（そのぶん報酬も法外な）経営陣、完全無欠と思われる事業計画、ほかの若い企業には望むべくもない一流の投資家。ことに慎重なベンチャー・キャピタルまでもが列をなして投資を申し込み、まだオフィスも決まらないうちに有能なエンジニアが履歴書を送ってきた。

だが、それも二年前の話だ。二年といったらハイテク新興企業の寿命である。設立からバラ色の何カ月かが過ぎた後、期待を裏切るような出来事が続いた。大事な納期に遅れるようになった。経営幹部の下にいた重要な社員が何名か突然会社を辞めた。しだいに士気も低下していった。あれほど有利な条件を整えていたのにだ。

会社設立から二周年を迎えたとき、取締役会は満場一致で、ＣＥＯであり共同設立者でもある三七歳のジェフ・シェインリーに退任を求めることにした。かわりに事業開発本部長の地位を提供されたジェフは、同僚たちの予想に反してこの降格を受け入れた。会社がいつか株式公開したら得られるかもしれない莫大な収益を手放したくなかったのだ。シリコンバレーの景気が低迷しているとはいえ、ディシジョンテックが株式公開することは十分に考えられた。

一五〇人の社員のなかに、ジェフの解任にショックを受けた者はいなかった。人柄はみんなに好かれていたが、ジェフのリーダーシップのもとで会社の状況がしだいに悪化してきたことは誰にも否定できない。幹部は巧みに互いの足を引っ張り合うようになった。チームとしての団結や仲間意識といったものはなく、そのせいで意気込みも低い。何をするにも時間がかかり、できたとしてもどこかおかしい。

経営陣のやり方がまずくても、もう少し辛抱する取締役会もあるだろう。だが、ディシジョンテックの取締役会はそうではなかった。政治的なかけひきのせいで会社が衰退していくのを黙って見ているのは、あまりにも危険な賭けだ。世間の注目が大きすぎる。シリコンバレーではすでに、ディシジョンテックは政治的かけひきが多くて働き心地がよくないとの噂が立っていた。取締役会は、その評判に我慢がならなかったのだ。ほんの二年前には未来はあれほど明るかったというのに。

誰かがこの失態の責任をとらなければならない。トップにいるのはジェフだ。取締役会がＣＥＯ解任の決定を告げたとき、誰もがほっと息をついた。

三週間後、キャスリンが後任に就くまでは。

キャスリン

キャスリンのどこが最大の問題なのか、幹部たちの見方はばらばらだった。問題が多すぎたからだ。

まず、歳をとっている。シリコンバレーの基準で見れば、古代人と言ってもいい年齢。キャスリンは五七歳だった。

それより問題なのは、サンフランシスコの大手技術系企業、トリニティ・システムズの取締役だったほか、ハイテク業界の経験がまったくないことだ。経歴のほとんどはあきらかにローテク分野の企業の営業関連職で、その最たる例が自動車メーカーである。

しかし、年齢より、経験より、キャスリンはディシジョンテックの文化に合わないように思われた。

キャスリンはまず軍に入隊し、その後、地元の高校でバスケットボールの監督をしている教師と結婚した。三人の子供を育てた後、しばらく中学生を教えているうちに、自分がビジネスに向いていることに気づいた。

三七歳のときにビジネス・スクールの三年制の夜間コースに入学し、一学期早く修了した。ハーバードやスタンフォードではなく、カリフォルニア州立大学ヘイワード校である。それからの一五年間を製造業界やその周辺で過ごし、五四歳で引退した。

キャスリンが女性であることは、別に問題ではない。幹部にはすでに二人、女性がいる。どちらかといえば進歩的なハイテク業界で仕事をしてきたため、メンバーのほとんどは一度は女性の下で働いた経験がある。しかし、たとえ幹部のなかに性別を問題にする人がいたとしても、はなはだしい文化の違いに比べれば、どうと言うことはなかっただろう。

履歴書を見るかぎり、キャスリンが古くさいブルーカラー世界の経営者であることはまちがいない。シリコンバレー以外で働いた経験がほとんどないディシジョンテックの上層部や中間管理層とはまるでちがう。ここには、大学を卒業して以来、結婚式以外でスーツを着たことがないと自慢げに話す人たちもいる。

取締役会がはじめて彼女の履歴書に目を通した後、キャスリンを採用しようと言いだした会長の正気を疑ったのも無理はない。しかし、会長は粘り勝った。

一つには、キャスリンは必ず成功すると言う会長の熱心な主張を取締役会も信じたのだ。それに、ジェフの件では問題が起きたものの、会長の人間に対する勘は鋭かった。まちがいが二回続くことはないだろうと納得したのだ。

何よりも（誰も認めようとはしないが）、ディシジョンテックはぬきさしならない状況にある。今の会社の窮状を考えると、この大変な仕事を引き受けてくれる有能な経営者はそう多くはいるまい。「キャスリンのように能力のあるリーダーが見つかったのは運がいいと思うべきだ」と会長は一同を説得した。

それが真実かどうかはともかく、会長は、知り合いで信用できる人間を選ぼうと決めていた。キャスリンにこの仕事の話をしようと電話をかけたときには、数週間後にその決定を後悔することになろうとは思ってもいなかったのだ。

理由

この依頼に誰よりも驚いたのはキャスリンだった。会長とは長年の個人的なつき合いはあったが（最初に知り合ったのは、夫が高校で会長の長男のチームをコーチしていたときだ）、経営者としての自分の手腕が高く買われているとは想像もしなかった。つき合いといっても、家族、学校、地元のスポーツを通じた儀礼的なつき合いが主である。母親や監督の妻としての姿以外、会長は自分のことをほとんど知らないはずだと思っていた。

実は、会長は何年も前からキャスリンの経歴に興味をもって調べ、たいした訓練も受けずに成功してきたことに目を見はっていた。日米の合弁によるベイ・エリア唯一の自動車工場では、五年足らずで最高業務責任者になった。それから一〇年近くその仕事を続け、工場を米国でも有数の共同事業に発展させた。会長は自動車業界のことはよく知らなかったが、キャスリンがディシジョンテックの問題を解決するのにうってつけだと信じるに足るある事実を知っていた。

彼女はチームづくりの天才なのだ。

不満

キャスリンの就任が発表されたとき、ディシジョンテックの経営陣が不信感をもったとしても、いや、実際もったのだが、新しいリーダーが仕事を始めてから二週間後の不安に比べれば何でもなかった。

キャスリンが何か問題行動を起こしたとか、見当ちがいなことをしたというわけではない。実は、ほとんど何もしなかったのである。

初日に簡単な歓迎会が開かれた後、直属の部下と一人ずつ面談したほかは、ほとんど一日中廊下を歩き、社員と雑談し、時間が許すかぎり多くの会議に出席して黙って聞いていた。なかでも問題視されたのは、ジェフ・シェインリーに週に一度の幹部会議の議長を続けるよう求め、自分は話を聞いてメモをとるだけだったことだ。

最初の数週のうちにキャスリンがとった唯一の実質的な行動は、これから数カ月、ナパバレーで二日間ずつ数回にわたって経営幹部の社外会議を行うと発表したことである。幹部はみな、これ以上爆弾を落としたいのかと言わんばかりで、片づけなければならない仕事が山ほどある状況で何日も社外に連れ出そうとする彼女の厚かましさにあきれた。

そればかりでなく、第一回の社外会議で取り上げるべき議題が提案されると、キャスリンは断った。すでに自分で議題を決めていたのだ。

会長でさえ、キャスリンのこうした行動を聞いて驚き、不安に感じた。これで失敗したら、自分も一緒に辞めるしかないだろうと腹をくくった。そして、それが最もありそうな結末に思えた。

観察

ディシジョンテックの問題を観察して二週間がたった後、キャスリンには何度か、この仕事を引き受けてよかったのだろうかと思うときがあった。しかし、断ることなどありえないともわかっていた。引退してからはいつも落ち着かず、何かに挑戦していなければ興奮しなくなったのだ。

ディシジョンテックの仕事が挑戦であることはまちがいないが、今回は何かがちがう気がした。これまで失敗を恐れたことはないが、「会長の期待に応えられないのでは」という一抹の不安を拭いきれなかった。晩節になって友人や家族に対して面目を失うことを考えれば、どれほど自信のある人でも心配になるのは無理もない。そして、キャスリンには確かに自信があった。

軍務につき、息子たちを育て、最後までもつれたバスケットボールの試合を数知れず観戦し、労働組合のボスとわたり合ってきたキャスリンにとって、これまでの人生で、せいぜい生え際の後退やウエストの膨張としか戦ったことのない無害なヤッピーなど、束になってかかってきても、恐るるに足りなかった。取締役会が十分な時間と余裕をくれれば、ディシジョンテックを変えてみせる自信はあった。

キャスリンは、ハイテク業界でほとんど経験がないことは気にしていなかった。むしろ、それが自分の武器になると考えていた。新しい部下は技術知識に縛られて、会社を救うには自分たちがプログラミングや製品設計をしなければならないと思っているようだった。

ジャック・ウェルチはトースターの製造に関する知識がなくてもGEを成功に導いたし、ハーブ・ケレハーはサウスウエスト航空を築き上げるにあたっていつも飛行機に乗っていたわけではない。ハイテク業界でほとんど経験がなくても、企業向けのソフトウェアや技術についてある程度理解しているだけで、ディシジョンテックを現在の泥沼から救い出すには十分すぎるとキャスリンは考えていた。

ただ、この仕事を引き受けたときに知りえなかったのは、幹部チームが機能不全に陥っていること、このチームによってこれまで経験したことのない困難を突きつけられることであった。

スタッフ

ディシジョンテックの社員は経営幹部を「スタッフ」と呼んでいた。チームと呼ぶ者はいない。〈これは偶然ではない〉とキャスリンは思った。

スタッフは疑いなく頭がいいし、学歴もそうそうたるもの。だが、会議中の態度は、自動車業界では見たことのないほどひどいものだった。面と向かって敵意をあらわにすることも意見をぶつけ合うこともないが、潜在的な緊張感は隠せない。そのせいで何一つ決まらず、議論は退屈で遅々として進まない。実のあるやりとりはほとんどなく、全員が〈早く会議が終わらないかな〉と考えているのがわかる。

しかし、チームとしては最悪だが、個々人を見れば理性的な好人物ばかりである。ごく少数を除いては。

ジェフ――前CEO、事業開発担当

ジェフ・シェインリーは基本的にはゼネラリストで、シリコンバレー内の人脈を大事にしている。会社の設立資本金のかなりの部分を調達し、現在の経営陣の大半を集めた。ベンチャー資金の調達や人材集めに関しては、ジェフの手腕を否定できる者はいない。しかし、マネジメントとなると話は別だ。

ジェフのスタッフ会議の進め方は、まるで式次第を読み上げる生徒会長である。毎回、会議の前には議事予定を発行し、会議後には詳しい議事録を配る。多くのハイテク企業と異なり、会議はたいてい定刻に始まり、きっちり終了予定時刻に終わる。会議で何一つ決まったためしがなくても、気にする様子はない。

降格になった後も、ジェフは取締役会の一員である。キャスリンは最初、CEOの職を奪ったから恨まれるのではないかと考えたが、むしろ経営責任から解放されてほっとしているらしいと気づいた。ジェフが取締役会の一員であることも、幹部チームに参加していることも、特に心配の種にはならない。誠実そうな人物に思える。

マイキー――マーケティング担当

マーケティングはディシジョンテックの重要な仕事であり、取締役会は、ミシェル・ビーブのようなまたとない人物が得られたことを大喜びした。自らをマイキーと呼ばせる彼女は、ブランドづくりの天才としてシリコンバレーで名を馳せていた。それだけに、いくつかの重要な社会的資質が欠けているのには驚きである。

会議では誰よりも多く発言し、すばらしいアイデアを提案することもあるが、それ以上に、これまでに働いてきたほかの会社の方がディシジョンテックよりうまくやっていたとよく愚痴をこぼす。まるで傍観者か、不運な境遇の犠牲者のような態度である。同僚と公然と言い争うことはないが、マーケティングに関する自分の意見に誰かが異論を唱えると、うんざりしたように天を仰ぐ癖がある。キャスリンは、マイキーは自分が他人の目にどう映るのかわかっていないと判断した。意図的に、こんなふうに行動するはずがないから……。

才能も実績もあるマイキーがほかのスタッフにあまり好かれていないことを、キャスリンは意外に思わなかった。しかし、おそらくマイキーより快く思われていない人物がいた。

マーティン――技術担当(CTO)

創業者のマーティン・ギルモアは、ディシジョンテックでは発明家のような存在である。主力製品の最初の仕様を設計したのは彼であり、実際の製品開発にはほとんどたずさわっていないが、幹部の間では「王冠の守護者」と呼ばれている。このたとえは、マーティンがイギリス人であることともいくらか関係している。

マーティンには、シリコンバレーの誰よりも技術に詳しいという自負があり、おそらくそれは事実である。大卒後にカリフォルニア大学バークレー校とケンブリッジに進み、二社のハイテク企業を技術責任者として成功させた実績をもつマーティンは、少なくとも人材面では、ディシジョンテックの競争力の柱と見られている。

またマイキーと異なり、スタッフ会議を破綻させることもない。実は、会議にはめったに参加しないのだ。出席を拒否するわけではない（そのように公然と反抗的な態度をとることは、ジェフでも許さない）。会議中ずっとノートパソコンを開きっぱなしにして、メールをチェックしたり、何か別のことに没頭しているのだ。マーティンの発言を期待できるのは、誰かが事実と異なることを言ったときだけで、たいていは相手を辛辣に皮肉る。

最初のうちは、ほかの幹部もマーティンの頭脳には敬意を払っていたので、こうしたことにも我慢できたし、おもしろがることさえあった。しかし、そのうちスタッフもいらだつようになった。特に会社の状況が苦しくなってくると、こうした態度はしだいに神経にさわるようになってきた。

ＪＲ――営業担当

ジェフ・シェインリーとの混乱を避けるために、営業の責任者はＪＲと呼ばれていた。本名はジェフ・ローリンズだが、本人も新しいあだ名が気に入っているようだ。ＪＲは営業畑での経験が豊富で、四〇代半ばと、ほかの幹部より若干年上である。いつも日に焼けていて、波風を立てることはなく、スタッフに頼まれたことは必ず引き受ける。

ところが、その約束をめったに守らない。約束を守らなかったと白状しては、相手にしきりと謝る。

あてにならないと言いながらも、ＪＲには過去の実績があるため、スタッフはある程度の敬意を払っていた。ディシジョンテックに入るまで、ＪＲは四半期ごとの営業目標を達成できなかったことは一度もない。

カルロス――顧客サポート担当

ディシジョンテックの顧客はそれほど多くないが、取締役会は、将来の成長にそなえて早いうちから顧客サービスに投資するべきだと考えていた。カルロス・アマドーは、過去二つの会社でマイキーと一緒に働いたことがあり、彼女の紹介でこの会社にやってきた。この二人がまったく対照的なことを考えると、皮肉なものだ。

カルロスはめったに口を開かないが、たまに発言するときには、貴重な建設的意見を出す。会議では熱心に話を聞き、不平一つ言わずに長時間働き、過去の実績を聞かれたときには謙虚に答える。手がかからず、信頼できる人間をスタッフのなかで一人あげるとしたら、それはカルロスである。

新しい部下のうち一人については心配する必要がないことはありがたかったが、カルロスの仕事上の役割が十分確立されていないことは気にかかった。品質管理など、見落とされがちな地味な仕事をカルロスが進んで引き受けてくれたことで、キャスリンはより差し迫った問題に集中することができた。

ジャン――財務担当（CFO）

ディシジョンテックでは、最高財務責任者の役割は重要である。上場を目指すとなると、今後さらに重要になる。ジャン・メルシーノはこの会社に入ったときから、自分の任務をわかっていた。ベンチャー・キャピタルをはじめとする投資家から多額の資金を調達するときにも、彼女はジェフを助けて貴重な役割を果たした。

ジャンはこまかいことにうるさく、ハイテク業界に関する知識に誇りをもっていて、会社の資金を自らのもののように扱う。取締役会は、経費の支出についてはジェフとスタッフにほぼ任せているが、それもジャンがしっかりと手綱を握るはずと信じたからだ。

ニック――最高業務責任者(COO)

スタッフの最後の一人は、最も華々しい経歴をもつ人物である。ニック・ファレルは中西部の大手コンピューター・メーカーで業務担当副社長をつとめた後、ディシジョンテックの仕事を引き受けるために、家族とともにカリフォルニアに移り住んだ。ところが、ニックの役割はチームの誰よりもあいまいである。

ニックは正式には会社の最高業務責任者だが、それは仕事を引き受ける条件としてCOOの肩書を求めたからにすぎない。ジェフと取締役会がこの肩書を与えたのは、本人が宣伝どおりの働きをすれば、いずれにしろ一年以内にCOOに就くことになると考えたからだ。それ以上に、取締役会は経営陣にスターを加えることに執着しており、ニックを失えば、彼らが思い描く成功の確率はかなり下がったはずだ。

幹部のなかで、会社が思ったように発進できなかったことで最も痛手を受けているのはニックである。ジェフの経営者としての資質には限界があったため、事業インフラの構築、世界各地の新規オフィス開設、買収や統合などを進め、ディシジョンテックの成長を牽引するためにニックは雇われたのである。しかし、その大部分が中断されているため、現在、ニックには実質的な仕事がほとんどない。

不満はたまっていたが、ニックは人前では文句を言わなかった。それどころか、幹部一人ひとりと人間関係をつくろうと懸命だった。もっとも、その関係はたいてい浅いものだったし、心のなかでは相手を自分より劣った人間と見ていたのだが……。また、仲間の誰にも言わなかったが、幹部のなかでCEOにふさわしい人物は自分だけだと思っていた。

しかし、この考えはやがて周囲の目にもあきらかになる。

第2部

THE **FIVE** DYSFUNCTIONS OF A **TEAM**

端緒

最初の試練

キャスリンが仕事をはじめてしばらくたったころ、一通の電子メールが送られて来た。それは一見、日常届くたくさんの電子メールの一通にすぎないように見えた。「来週、顧客獲得の機会」という件名も無害に見えたし、それが辛辣な最高技術責任者、マーティンからのものであることを考えると、むしろよい知らせのようにも思えた。本文も短かった。深手を与える知らせは、たいてい短いものだ。

特に誰に宛てるでもなく、幹部全員に送られていることは、このメールが引き起こすであろう波紋を一時的にごまかしているにすぎない。

ASAマニュファクチャリングから電話がありました。次四半期用にうちの製品の購入を検討したいそうです。来週、JRと一緒に先方に会いに行ってきます。大きなチャンスになりそうです。火曜日の朝に戻ってきます。

社外会議と日程がぶつかることについて一言も書かれていないのは、キャスリンにとっていっそう悪いことだった。会議を一日半欠席することについてなんの断りもない。許可を求めるまでもないと思ったのか、その件はいっさい避けて通りたいと思ったのか……。キャスリンは、「そのどちらであろうと関係ない」と考えた。

直接対決を避けてメールですぐさま返事したい気持ちを、キャスリンは抑えた。これはCEOになって最初の試練になる。試練に立ち向かうときは、面と向かって話をするのが一番だ。

マーティンは、自分の角部屋でメールを読んでいた。開いたドアに背を向けていたが、あえてノックはしなかった。

「ちょっと、マーティン」。キャスリンはマーティンがゆっくりと振り向くのを待った。「ASAの件、メール読みました」

マーティンがうなずくとキャスリンは続けた。「ほんとによかったわ。でも、社外会議があるから、約束を何日かずらしてもらわないと」

一瞬の気まずい沈黙の後、マーティンは感情を表さずに強烈なイギリス訛で答えた。「わかっていないようですね。これはうちの製品を売るチャンスなんです。日程を変えるわけには……」

キャスリンは途中でさえぎり、ぴしゃりと答えた。「いいえ、よくわかっています。でも、次の週だって相手は逃げないでしょう」

面と向かって反論されることに慣れていないマーティンは、少しむきになった。「ナパのことを気にしてるんなら、優先順位を勘違いしてると思いますね。まず製品を売らなくちゃいけない」

キャスリンはひと呼吸おいて、いらだちを隠すためにほほえんだ。「まず、現時点で優先すべきことは一つだけです。私たちはチームとして行動をともにする必要があります。それができないなら、何も売れないでしょう」

マーティンは黙っていた。

五秒ほど気まずい空気が流れた後、キャスリンが会話を終わらせた。「じゃあ、来週、ナパで会いましょう」。そして出口に向かって歩きだし、もう一度ふり返ってマーティンを見た。「そうそう、ＡＳＡとの約束を変えるのに困るんだったら、言ってちょうだい。あちらのＣＥＯのボブ・テニソンはよく知ってるから。トリニティで一緒に取締役をしてて、私には借りがあるのよ」

それだけ言ってキャスリンは部屋を出て行った。マーティンはとりあえずそれ以上逆らわないことにしたが、このまま引き下がるつもりはなかった。

遠回し

翌朝、ジェフがキャスリンの部屋に立ち寄り、昼食に誘った。キャスリンは、その時間は外で用事を済ませるつもりだったが、部下のために喜んで予定を変更した。ジェフは、ハーフムーンベイで一番古いメキシコ料理レストランなら、地元の客がほとんどなので、難しい話をするにはちょうどいいと考えた。

ジェフが話したい用件を切り出せずにいると、先にキャスリンが自分の話を始めた。

「ジェフ、この二週間、幹部会議の進行をしてくれてありがとう。おかげで落ち着いて観察できたわ」

ジェフは静かにうなずき、ささやかだが心のこもった感謝を受け入れた。

「来週の社外会議が終わったら、私が引き継ぎます。でも、あなたも会議で黙っていなくていいのよ。ほかのメンバーとおなじように、積極的に参加してほしいの」

ジェフはうなずいた。「わかりました。それは別に問題ないでしょう」。それからひと呼吸おくと、勇気を奮って、昼食に誘った目的をもち出した。落ち着かない様子でナイフとフォークをそろえながら、こう切り出したのだ。「社外会議の話が出たところで、お聞きしたいんですが……」

「どうぞ」。キャスリンは、ジェフの居心地の悪そうな様子を楽しげに見ていた。マーティンとのやりとりに関する質問は予想していたので、落ち着いていたし、余裕もあった。

「実は昨日、会社を出るときに、駐車場でマーティンと話したんです」。ジェフは一拍おき、キャスリンが口を開いてここから会話をリードしてくれないかと期待した。しかし、そうならなかったので続けた。「ASAとの会合と社外会議の日程の件で問題があると言ってました」

再び話をやめ、新しいボスが何か言ってくれないかと期待した。今度はその期待は報われたが、話の続きをうながすためにすぎなかった。「それで?」

ジェフは生唾をのみこんだ。「それで、マーティンが言ってたのと、正直僕もおなじ考えなんですけど、顧客との会合の方が内部の会議より大事じゃないかと。ですから、彼とJRが一日半欠席しても問題ないと思うんですが……」

キャスリンは注意深く言葉を選んだ。「ジェフ、あなたの考えはわかる。私に対して、特にこうして面と向かって反対してくれるのはいいことよ」

ジェフは見るからにほっとしたようだが、それも一瞬だった。

「でも、私はこの会社を機能させるために雇われたの。そして、今会社は機能していない」

ジェフが恥じ入るべきか怒るべきか決めかねているように見えたので、キャスリンははっきり告げた。「あなたがしてきたことを批判するつもりはないわ。あなたほど会社のことを考えている人はいないと思うもの」。ジェフが自尊心を取り戻したところで、キャスリンは肝心な点を言い聞かせた。「でも、チームということで言えば、私たちは完全にばらばらな状態にある。それに、一回の営業が将来に重大な影響を及ぼすことはない。少なくとも、この組織のリーダーシップの問題を解決するまではね」

キャスリンのことをよく知らない以上、これ以上議論しても実りがなさそうだし、自分の将来に悪影響を及ぼすかもしれない。ジェフは、〈わかりました、この件はお任せしましょう〉というようにうなずいた。それから二人は少しだけおしゃべりをし、ハーフムーンベイにおいてかつてないほどすばやい食事を済ませ、オフィスに戻った。

境界線

キャスリンは、ジェフとの話にも特にひるまなかった。マーティンとの一件については、部下から何らかの反発があることを予想していた。しかし、それが会長から来るとは思わなかった。

その夜、会長から自宅へ電話があったとき、最初は応援してくれるのだろうと思った。

「今ジェフとの電話を切ったところなんだが」。会長は穏やかな声で言った。

「じゃあ、マーティンにガツンとやったことをお聞きになったんでしょ」

キャスリンの自信に満ちたユーモアたっぷりな態度が、会長をさらに深刻なムードに追いやった。「そう、そのことでちょっと心配している」

「まあ!」。それは思ってもみない言葉だった。

「キャスリン、聞いてくれ。きみのやり方にあれこれ口を出したくはないが、火種をまく前に、もう少し関係づくりに努めるべきじゃないかな」

キャスリンは答える前にしばらく沈黙した。会長がこんなに心配していることには驚いたが、すぐに落ち着きはらってCEOモードに入った。「いいですか、これからお話しすることは、自己弁護のためではありませんし、失礼なことを申し上げるためでもありません」

「わかってるよ、キャスリン」

「遠回しな言い方はしたくないんです、特に会長には」

「ありがたいことだ」

「これから話すことを聞いたら、そうは思わないかもしれませんが」

会長は無理に笑った。「わかった、心して聞くよ」

「まず、むやみに火種をまいて喜んでるなんて思わないでください。私はこの二週間、みんなを注意深く観察してきました。私が今していることも、これからしようとしていることも、すべて意図したことなんです。そのときの気分でマーティンに意地悪したわけじゃありません」

「わかってる、ただ……」

キャスリンは静かにさえぎった。「最後まで聞いてください。これは大事なことなんです」

「うむ、どうぞ」

「私がどんなやり方をしようとしているか、すでにご存じでしたら、私を雇う必要はありませんよね。そうじゃありませんか?」

「いや、そのとおりだ」

「会社のことも私のことも気にかけてくださって、ほんとうに感謝しています。どちらもよかれと思ってのことだとわかっています。ただ、このお電話の件では、そのよかれと思ったことがむしろ会社のためにならないと申し上げなくてはなりません」

「申し訳ないが、きみの言っている意味がわからないのだが」

キャスリンは続けた。「この一八カ月、会長はジェフやチームのみんなと積極的に関わっていらした。たいていの会社の会長はそこまでしません。そして、このチームがどんどん悪循環をたどり機能不全と混乱に陥っていくのを見ていた。なので、この悪循環からチームを救ってほしいとおっしゃっているのでしょう。ちがいますか?」

「いや、まったくそのとおりだ」

「それでは、一つ質問があります。私にこの件を任せた責任をとる覚悟はありますか?

すぐには答えないで……」。会長が口を開きかけたところでキャスリンが止めた。「少し考えてみてください」

キャスリンは答えを聞かないまま続けた。「これは簡単なことじゃありません。きれいごとでもない。会社にとっても、経営陣にとっても、私にとっても、そして会長にとっても」

会長は、必要なことは何でもする覚悟があると言いたい気持ちを抑えて黙っていた。

キャスリンはその沈黙を、集中講義を続けてよいという許可と解釈した。「ばらばらなチームは折れた手や足のようなものだ、と夫が話すのをお聞きになったことがあるかしら？ 治すには必ず痛みがともなう。きちんと治療するには、もう一度折らなくちゃいけないこともある。そして、二度めはわざと折るので、一度めよりもずっと痛い」

長い沈黙の後、会長は言った。「わかった、キャスリン。きみの言うとおりだ。やるべきことをやってくれ。じゃまはしない」

キャスリンには、会長が本気でそう言っていることがわかった。

「ただ、最後に一つ聞かせてほしい。このチームはどれぐらい骨折しなおす必要があるのかな？」

「今月中にはわかります」

ナパ

キャスリンが社外会議の場所にナパバレーを選んだのは、移動の費用と時間がかかりすぎない程度に近く、町を出たと感じられる程度に遠かったからだ。それに、何度訪れても、少しのんびりした気分になれる場所である。

会場は、ヨーントビルの町中にあるこぢんまりとしたホテルである。キャスリンがここを気に入った理由は、オフ・シーズンの料金が手頃で、ゆったりとした快適な会議室が一つだけあることだ。会議室は二階にあり、バルコニーがついていて、広々としたぶどう園を見わたせた。

会議が始まるのは午前九時である。つまり、遅れないためには、メンバーのほとんどは早朝に家を出る必要がある。八時四五分には全員が到着し、フロントに荷物を預け、会議室のテーブルについていた。ただ一人、マーティンを除いて。

誰も何も言わなかったが、腕時計を確かめるしぐさから、マーティンは時間どおり来るだろうか、と全員が考えていることがわかった。キャスリンでさえそわそわしていた。

会議の冒頭から遅刻者を叱るようなことはしたくなかった。そしてほんの一瞬、マーティンが現れなかったらどうしようと考えてパニックに襲われた。会議に来なかったからといってクビにするわけにもいかないだろう。自分は取締役会に対して、そんなことを許されるほどの政治的資本があるだろうか。そもそも、この男にはどれほどの価値があるのだろう。

八時五九分にマーティンが入ってきたとき、キャスリンは聞こえないように安堵のため息をつき、余計な心配をしたことを反省した。一カ月近く待っていたことをようやく始められるのだと思うと元気が出てきた。テーブルの周りに座っている人たちがどう出るかは心配だったが、こういう瞬間があるからこそリーダーの仕事が好きだということは否定できない。

スピーチ

マーティンは、会議用テーブルを挟んでキャスリンの向かい側に一つだけ空いていた席に座った。すぐに、ノートパソコンをケースから取り出し、とりあえず閉じたままテーブルの上に置いた。

キャスリンは気にすまいとして一同に笑いかけ、落ち着いた穏やかな口調で話し始めた。

「おはよう、みなさん。最初に話しておきたいことがあります。そして、この話をするのはこれっきりじゃありません」。キャスリンのこの言葉にどんな意味があるのか、誰にもわからなかった。

「わが社には、どんな競争相手より経験も才能も豊かな経営チームがあります。資金も潤沢です。マーティンとそのチームのおかげで、核となる技術でも優っています。それに、取締役会もすぐれています。それなのに、売上高と顧客獲得の両方で二社に遅れをとっています。その理由を誰か説明できますか?」

沈黙。

キャスリンは、話し始めとおなじ穏やかな口調で続けた。「取締役全員と話をし、みなさん一人ひとりと時間をすごし、ほとんどの社員と話をしてみて、私たちの抱える問題がよくわかりました」。ここで間をおいてから、自分の考えを告げた。「私たちはチームとして機能していません。まったくの機能不全に陥っています」

数人がちらっとジェフの反応をうかがった。ジェフに気にした様子はなかったが、キャスリンは一瞬の緊張を見逃さなかった。

「ジェフを責めるために言ってるんじゃありませんし、ほかの特定の個人を責めるつもりもありません。事実を言っているだけです。今日からの二日間で取り組んでいこうとしている事実です。そう、今月に何日も会社を離れるなんてばかげている、信じられない、とみなさんが思っていることはわかっています。でも、すべてが終わる頃には、ここに残った人には、どうしてこれが大切なのかが理解できるでしょう」

最後の言葉に全員が反応した。「そうです。最初に言っておきたいのですが、ディシジョンテックにはこれから数カ月のうちに変化が起こります。このなかの誰かが、新しくなった会社は自分の望む場所じゃないと考える可能性だって十分にあります。脅しや演出効果のためにこんなことを言っているんじゃないし、特定の個人を念頭に置いているわけでもありません。ただ、現実にありえるというだけです。それに、否定するようなことでもありません。ここにいる全員が高く買われる可能性をもっているんだし、ここを辞めたからって世界の終わりというわけじゃない。それが会社にとって、そしてチームにとってよいことならね」

キャスリンは立ち上がってホワイトボードに近づき、尊大にも卑下しているようにも見えないように気をつけながら言った。「こんなことが何になるのかと思ってる人のために言っておきますが、これからすることの目的はただ一つ、この会社を成功させること、それだけです。お互いが木から落ちるのを見て喜ぼうというんじゃありません」

数人が含み笑いをもらした。

「それに、手をつないだり、歌を歌ったり、ばか騒ぎをしたりする気もありません」

みんなが一斉に笑ったので、マーティンでさえ笑い顔をつくった。

「はっきりさせておきたいんだけど、私たちがこの場所に集まったのも、そしてこの会社にやってきたのも、理由は一つだけ。結果を出すためです。チームの真価を測ることのできる指標はそれだけだと思ってますから、今日これから、そして私がここにいるかぎり、結果を重視して行動していきます。来年、再来年に、売上高、利益率、顧客維持率、顧客満足度が高まったと言えるように、そして市場の環境がよければ株式公開も目指せるようにしていきたいと思ってます。ただし、私たちがチームとして行動できずにいる原因を解決しなければ、絶対にこうしたことは実現できません」

キャスリンは、このメッセージがいかに明快なものかを全員が飲み込めるように間をおいた。「さあ、それじゃどうすればいいでしょう。私は長年の経験から、チームが機能不全に陥る理由は五つある、と考えるようになりました」

キャスリンはホワイトボードに三角形を描き、そのなかに四本の横線を引いて五つのエリアに分けた。

そしてグループの方へ向きなおった。「これから二日間でこのモデルを埋めていき、一つずつ問題に取り組んでいきます。すぐにわかるけど、何も複雑なことじゃありません。むしろ、理屈としては非常に簡単に思えます。難しいのは、それを実践することなの」

「それじゃあまず、一つめの機能不全から始めましょう。『信頼の欠如』です」と言ってキャスリンは後ろを向き、その言葉を三角形の一番下に書いた。

一同は黙ってそれを読み、ほとんどのメンバーが〈それだけ?〉というように眉をひそめた。

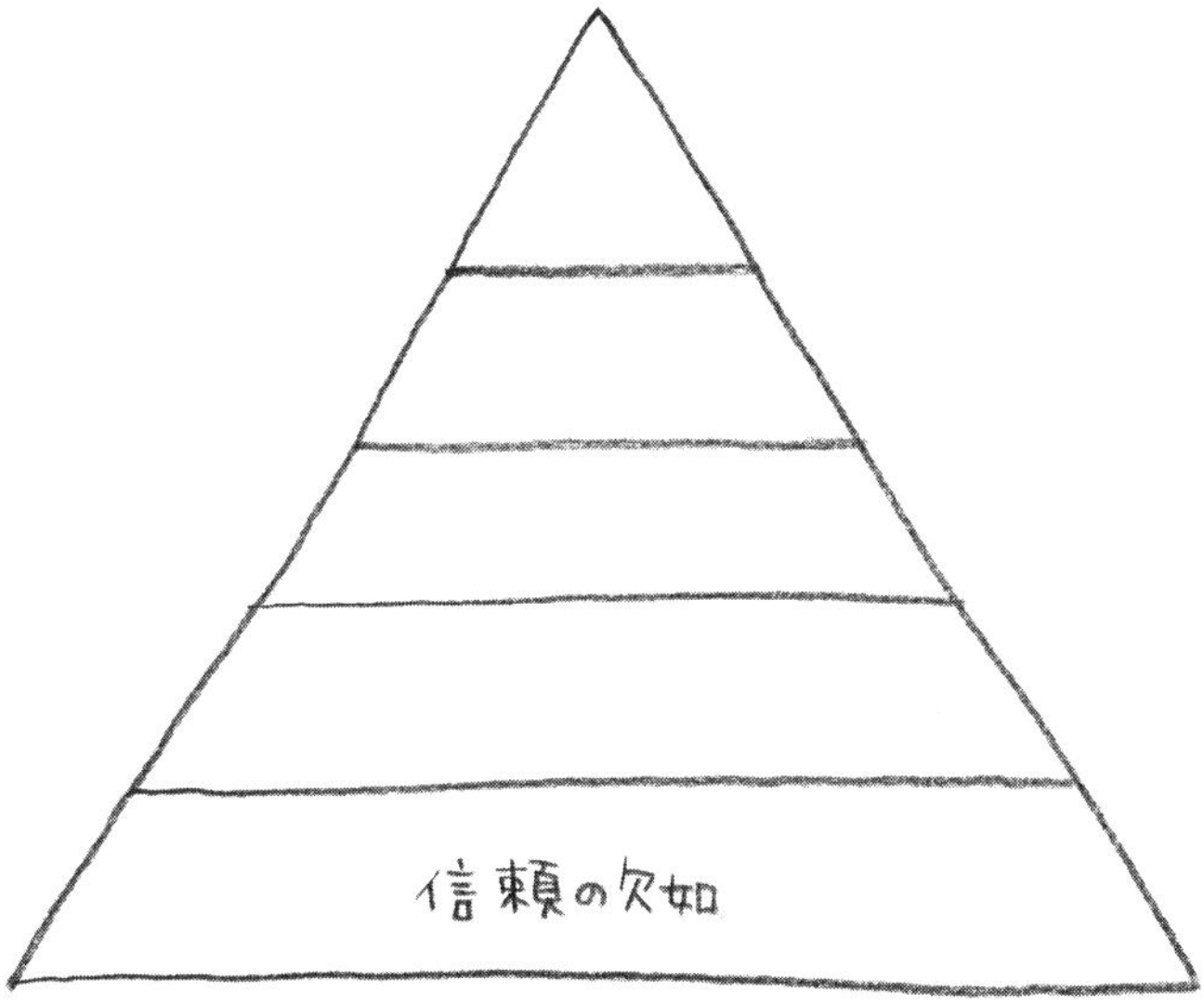
信頼の欠如

キャスリンはこうしたことには慣れていたので、そのまま進めた。「信頼は本物のチームワークの基礎です。つまり第一の機能不全は、チームのメンバーが理解し合い、互いに心を開けないということなの。こう言うと感情に訴えようとしているみたいに聞こえるかもしれないけど、そんな甘ったるい話じゃない。これはチームを築くためにどうしても欠かせない要素です。はっきり言って、一番重要な要素でしょう」

何人かは説明を必要としているのが見てとれた。

「優れたチームというのは、互いに遠慮しません。隠しておきたいことでも、迷わずさらけ出します。非難を恐れずに、自分のまちがい、弱み、不安を認めます」

スタッフのほとんどはこの点は理解できたようだが、あまり興味はなさそうだった。

キャスリンは話を進めた。「要するに、私たちがお互いを信頼しなければ……していないように見えるのだけど……最終的に結果を出せるようなチームにはなれないということです。ですからまず、そのことに焦点を当てていきます」

応酬

部屋はしんと静まりかえったが、やがてジャンが手をあげた。

キャスリンはにっこりした。「私が前に学校の教師をしてたからといって、発言するのに手をあげる必要はありませんよ。どうぞ、いつでも自由に話してちょうだい」

ジャンはうなずいてから質問した。「ここで否定や反論をするつもりはないんですけど、どうして私たちが信頼し合ってないと思うんですか？ 私たちのことをよくわかってないだけかもしれないとは思いませんか？」

キャスリンは慎重に答えるため、しばらくこの問いについて考えた。「私はね、いろいろなデータをもとに判断したの、ジャン。取締役会からも、社員からも、ここにいる人たちからも詳しく話を聞いて」

ジャンは納得したようだが、キャスリンは話を続けた。「でも正直言って、ほかの人から聞いた話より、こうした幹部会議で議論が起きないこと、このチーム内で対話が少ないことの方が、信頼が欠けている現れだと思う。でも、先走るのはやめておきましょう。これはこのモデルの別のエリアの話だから」

ニックが口をはさんだ。「でも、必ずしもそれが、信頼が欠けていることにはならないでしょう」。それは質問というより断定だった。部屋にいる全員が、マーティンやマイキーでさえも、キャスリンの反応を待ちかまえた。

「そうね、必ずってわけじゃないと思うわ」

ニックは一瞬、自分の主張が正しいと認められたことに満足した。

だがすぐに、キャスリンは言った。「理論上は、全員がおなじように状況を理解して、いっさい誤解がなく、おなじ目標に向かってきっちりとした手法で進んでいるのなら、議論がないのはいいことでしょうね」

自分たちには絶対に当てはまらないこの描写に、数人が力ない笑いを浮かべた。ニックの満足感は消し飛んだ。

キャスリンはさらに、ニックに向かって説明した。「でも、これまでに見てきた力のあるチームはみんな、活発に議論していたわ。強い信頼で結ばれたチームでも、ずいぶん派手にやり合ってた」。ここでほかのメンバーに質問が向けられた。「どうしてこのグループでは、激しい議論や討論がこんなに少ないんだと思う?」

最初は誰も答えなかったが、キャスリンは気まずい沈黙をほうっておいた。やがてマイキーが小声で何かつぶやいた。

「マイキー、悪いけど聞こえなかったわ」。中学生を相手にしていたときに刻まれた嘲弄的な言動への嫌悪感を精一杯隠した。

マイキーは今度は大きな声ではっきりと言った。「時間がないからです。私たちみんな忙しくて、ささいなことで延々と議論していられないでしょう。仕事で手一杯なんです」

ほかのメンバーもおなじ考えというわけではなさそうだったので、誰かが反論するかな、とキャスリンは考えた。そして自分で反論しようとしたとき、ジェフがためらいがちに発言した。「それはどうかな、マイキー。話し合う時間がないとは思わない。ただ、ほかの人に反論するのはなんとなく気まずいんだ。それがなぜかはわからないけど」

マイキーはぴしゃりと言い返した。「それはきっと、会議がいつもきっちりしすぎてて退屈だからね」

キャスリンの母性が、マイキーに立ち向かったことに報いるためにも、割って入ってジェフを擁護したい気持ちにさせた。しかし、黙って見守ることにした。

少し間をおいてカルロスが静かに口を開いたが、マイキーに対してというより、全員がさっきの発言をしたかのようにこう言った。「みんな、ちょっと待ってくれ。たしかに、会議はかなり単調だったし、いつも少々議題を詰め込みすぎだったと思う。でも、もっと反論し合うことはできたんじゃないかな。すべてについて全員の考えが一致するわけはないんだし」

ニックが「何ひとつ一致しないと思うね」と言った。

全員がどっと笑った。マーティンだけが黙ってノートパソコンを開き、スイッチを入れた。

活気を帯びてきた会話にキャスリンが加わった。「つまり、意見が一致することはほとんどないのに、不安があることを認めようとしない。私は心理学者じゃないけど、こういうのを信頼の問題と言うの」。数人がうなずいて同意を示した。それは、キャスリンにとって飢えた人間がパンのかけらをもらったときのようにありがたかった。

そのとき、キーボードの音が聞こえてきた。マーティンが完全に会話から抜けて、コンピューター・プログラマーのようにキーボードをたたき始めたのだ。その音に気をとられ、部屋にいる全員がほんの何分の一秒かマーティンに目をやった。それは勢いづいてきた会話をしぼませるには十分だった。

キャスリンははじめて幹部会議に顔を出したときから、この瞬間を興味たっぷりに眺め、また恐れてもいた。一日が始まって早々に、またマーティンと衝突するのは避けたかったが、この機会を逃すわけにはいかない。

危険領域

テーブルの反対側でキーを打ち続けるマーティンをキャスリンが見つめるうちに、部屋の空気が張りつめてきた。ほかの人は、彼女は何も言わないだろうと思っていた。しかし、それはキャスリンをよく知らないからだ。

「マーティン、いいかしら」

マーティンは手を止め、上司に応えて顔をあげた。

「何をしているの」。その質問に他意はなく、いやみなところはまったくなかった。

部屋全体が凍りつき、この二年間聞きたかった質問に対する答えをじっと待った。

マーティンは答える気がないようにも見えたが、「メモをとってるんです」と言って、またタイプを始めた。

キャスリンは冷静さを保ったまま、落ち着いた口調で話した。「ちょうどいい機会なので、この社外会議の基本ルールと、会議の進め方について話しておきたいと思います」

マーティンがコンピューターから顔をあげると、キャスリンはグループ全体に向かって言った。「会議についてのルールは、そんなに多くありません。ただ、どうしても守ってほしいことがいくつかあります」

全員が話の続きを待った。

「基本的にみなさんに求めることは二つです。出席することと、参加すること。つまり、全員があらゆる話し合いに全面的に加わる必要があります」

マーティンも譲歩すべきときは心得ていた。一つ質問をしたが、その口調には、この最高技術責任者の発言にしては聞き慣れない、相手の機嫌をとるような感じがわずかにあった。「話の内容が全員に関係あることじゃないときはどうです？　会議じゃなく、一対一で話した方がいいような問題を話し合っていることもあるようですが……」

「いい質問ね」。キャスリンはマーティンを引き寄せ始めた。「そういうことがあったとき、つまり会議の外でやるべきことをやっていて、グループとしての時間が無駄になると思ったときは、ここにいる誰でも遠慮なくそう言ってちょうだい」

マーティンは、自分の意見に賛成が得られたことに満足げだった。

「でも、それ以外はすべて、全員が全面的に参加すること。それと、マーティン、あなたのようにノートよりコンピューターを使いたがる人がいるのはわかるけど、ちょっと気が散りすぎるわ。メールをチェックしたり、何かほかのことをしているんじゃないかと思われる」

当のマーティンは望みも求めもしなかったが、ここで、マイキーがマーティンの肩をもった。「お言葉を返すようですけど、キャスリンはハイテク文化のなかで働いた経験がないでしょう。こういうことはソフトウェア会社ではあたりまえなんです。自動車業界ではちがうかもしれませんけど……」

キャスリンはやんわりとさえぎった。「自動車業界でもよくあることよ。あちらでもおなじ問題に会ったことがあります。これは技術の問題じゃなくて、態度の問題なの」

ジェフは、〈いい答えだ〉とでも言うように、うなずいてにっこりした。それを見て、マーティンはノートパソコン閉じ、コンピューター・ケースにしまった。数人のメンバーが、銀行強盗を説得して銃を捨てさせた人物を見るような目でキャスリンを見つめた。

この後もずっとこんな具合にいけばいいのだが……。

個人の歴史

　これから始めようとしていることは、セッションのなかで見かけ以上に重要な部分だとわかっていた。今後数カ月の展開を予測する鍵になるだろう。これが今回の実質的な活動の最初に組み込まれているのは、たまたまではない。

「大変な仕事を始める前に、『個人の歴史』というのをやります」

　各メンバーは、自分の経歴に関係があってプライバシーを侵害しない程度の個人的な質問に五つずつ答える。説明の最後にキャスリンは、ユーモアたっぷりに「言っておきますけど、子供の頃の話は聞きたいけど、みんなの頭のなかに棲んでる子供には興味がありませんから」と釘をさし、マーティンまでもがニヤリとした。

　ディシジョンテックの幹部は一人ずつ質問に答えた。出身地は？　子供の数は？　子供の頃の変わった趣味は？ 成長する過程で最も困難だったことは？ 最初の仕事は？

誰の答えにも、ほとんどのメンバーが知らなかった貴重な一面が隠されていた。

カルロスは九人兄弟の一番上である。マイキーはニューヨークのジュリアード音楽院でバレエを習っていた。ジェフはボストン・レッドソックスのバットボーイをしたことがある。マーティンは子供時代の大半をインドで過ごした。JRには一卵性の双子の兄がいる。ジャンの父は職業軍人である。なんとニックは、高校のバスケットボール・チームで、キャスリンの夫が率いるチームと対戦していたことがわかった。

キャスリンに関してスタッフが最も驚いたのは、軍隊の訓練のことでも自動車業界のことでもなく、大学時代にバレーボールの全米代表選手だったことである。

このセッションはめざましい効果をあげた。ほんの四五分でちょっとした経歴を明かしただけで、過去一年のどの時点よりチームの結びつきが深くなり、互いに気安く接することができるようになった。しかし、キャスリンは何度もおなじ経験をしてきたので、仕事の話に移ったとたん、楽しいムードが消えることを知っていた。

進展

チームが短い休憩から戻ってくると、さっきまでの楽しさはもうかなり薄れていた。ここから昼食をはさんで数時間は、ナパへ来る前に準備しておいた各種の診断技法をもとに、個人の行動傾向について検討する。その一つがマイヤーズ・ブリッグズ性格類型指標である。

キャスリンにとって、マーティンも積極的に話し合いに参加していることはうれしい驚きだった。しかし、誰でも自分のことを知り、自分のことを話すのは好きなのだと納得した。そう、批判されるまでは。そして、いずれ批判は出てくる。

しかし、みんなが疲れてきたため、夕方近くになって次の段階へ進むのはよくないとキャスリンは判断した。そこで、午後に数時間、メール・チェックや運動など、好きなことをするための休憩時間をとった。その夜は遅くまで予定が続くので、あまり早く燃え尽きてほしくなかった。

マーティンは午後の休憩中はほとんど自分の部屋でメールを読んでいた。ニック、ジェフ、カルロス、JRは、ホテルの隣のコートでローン・ボウリングをし、キャスリンとジャンはロビーで予算の話をした。マイキーはプールサイドに座って小説を読んだ。

夕食の頃に戻ってきたとき、一同がさっきの話の続きを始めたのはうれしいことだった。個人による仕事のスタイルのちがいを認め、内向型と外向型といった特徴がどのように現れるかを話し合った。あきらかに打ち解けた雰囲気になってきていた。

ピザとビールを囲んだことで、お互いへの警戒心も薄れた。カルロスが、ジャンがこまかすぎるのは「肛門性格」のせいだとからかい、ジェフはJRがぼんやりしていると笑った。マーティンでさえ、ニックに「ひどい内向型」と言われてもにこやかにかわした。悪気のない強烈な揶揄に対して、顔色を変える人はいなかった。ただ一人マイキーを除いて。

マイキーがからかわれて本気で怒ったわけではない。それならまだよかったのだが、誰もマイキーをからかわなかった。それどころか、マイキーについては誰も何も言わず、当然のごとく彼女もほとんど人のことを話さなかった。

キャスリンは割って入りたい気になったが、しばらくはことを荒立てるのはやめようと考えた。今のところ予想以上にうまくいっている。幹部会議のときに見られた機能不全を示す行動のいくつかについて、チームで話し合おうという意思も見られる。初日の夜から、それもマーティンとの危機を回避した後で騒ぎを起こすこともない。

しかし、思いどおりにならないことはあるもので、マイキー自身が自分の問題をとりあげるきっかけをつくった。ニックが全員に向かって、この性格分析はびっくりするほど正確で役に立つと発言したとき、マイキーが幹部会議中にたびたび見せたのとおなじ行動をとった。天を仰いだのだ。

キャスリンがその行動をとがめようとしたとき、ニックが一瞬先に口を開いた。「それはどういう意味だい」

マイキーは、何のことを言っているのかわからないというように「何のこと?」と答えた。

ニックはからかっているような口調で話したが、少しいらだっていることは見てとれた。「おいおい、今天を仰いだだろう。僕が何かばかなことを言ったかな」

マイキーはあいかわらず知らないふりをした。「いいえ、私は何も言ってないわ」

ジャンがすかさず、だが穏やかに口をはさんだ。「何か言ったとは言ってないじゃない、マイキー。ただ顔に出てたってこと」。ジャンはその場の緊張をやわらげるために、マイキーが面目を失わずに自分のしたことを認めるように仕向けたかった。「自分で何をしてるか気づかないことってあると思うわ」

しかし、マイキーはそれには応えず、少しずつかたくなになってきた。「あなたたちが何のことを言ってるのか、さっぱりわからない」

ニックも黙っていられなかった。「いい加減にしろよ、きみはいつもそれをやるんだ。僕らのことをばかにしてるみたいに」

キャスリンは、次回は夕食のときにビールをもってくるのはやめようと心に刻んだ。とはいえ、問題が表に現れてきたことをよろこばずにいられなかった。ピザを一口かじると、平穏を装いたいという誘惑に抵抗し、ほかのメンバーと一緒に状況を見つめた。

突然、マイキーが話し出した。「そうよ、私、こんな心理ごっこには興味がないの。競争相手は今この瞬間にも私たちを打ち負かそうとしている。彼らがナパのホテルでぶらぶらしながら、何がエネルギーの源だとか、自分の世界観がどうだとか話してるとは思えないでしょ」

一同は、すっかり楽しんでいたこのプロセス全体に対する非難に虚をつかれ、どう答えるかとキャスリンに視線をそそいだ。だが、先にマーティンが答えた。

「そのとおりだな」。プロセスに参加しているように見えたマーティンがマイキーの弁護に回ったことに、メンバーは衝撃を受けた。が、それも最後のオチを聞くまでだった。

「連中はカーメルにでもいるんだろう」

それをほかの誰かが言ったなら、含み笑いが漏れただけだろう。しかし、よりによってマーティンが、マイキーに向かって例の辛辣な口調で言ったため、笑いの渦が起きた。もちろん、マイキーは黙って苦々しい笑いを浮かべていた。

キャスリンは一瞬、このマーケティング担当副社長が部屋を出て行くのではないかと思った。その方がよかったかもしれない。それから九〇分間、マイキーは一言もしゃべらず、話し合いが続くなか、黙って座っていたのだ。

そのうち、自然と事業に関する戦術などに話題が移っていった。ジャンが会話を中断し、キャスリンにたずねた。「話がずれてきちゃったかしら」

キャスリンは首を横に振った。「いいえ、行動について話してるときに事業の問題を取り上げるのはいいことだと思うわ。ここで話したことを実践に移す方法をさぐる機会ですもの」

キャスリンには、チーム内にこういう対話が起きていることがうれしかったが、その一方で、マイキーの態度がチームメイトに対する不信感を物語っている点を見逃せなかった。

プールサイド

キャスリンは一〇時過ぎに今日の散会を告げた。たまたま予算の話を始めたばかりのジャンとニックを残して、各自は寝室に向かった。マイキーとキャスリンの部屋は、この小さなホテルのプールに近い場所にあったので、部屋に向かって歩く途中、キャスリンは一対一なら何か進展があるか試してみようと思った。

「大丈夫?」。キャスリンはあまり芝居がかったり母親ぶったりしないように気をつけた。

「どうってことありません」。マイキーのうそはあまりうまくなかった。

「これは難しいプロセスなの。あなたに対してみんな少しひどすぎたと思うかもしれないけど」

「少しですって? 私は家族にもからかったりさせないのに。まして職場で他人にそんなことされたくない、絶対に。あの人たちは、どうやったら会社を成功させられるかわかってないのよ」

キャスリンは、めくらめっぽうな返事に困惑し、どう答えていいかわからなかった。少したってから、「いいわ、そのことは明日話し合いましょう。あなたの考えてることをみんなで聞く必要がありそうね」と言った。

「明日は私、何も話しません」

一時的に感情がたかぶっているからそう言っただけだと考えて、この言葉には過剰反応しないようにした。「朝になれば気分もよくなるわ」

「いいえ、本気です。あの人たちとは一言も話さない」

キャスリンは今はこれ以上言うまいと決めた。「わかった、よく休んでちょうだい」

二人は部屋の前まで来ていた。マイキーは最後にひきつったように笑った。「そうします」

回復

翌朝、まだキャスリンとジャンしかいない会議室にマイキーが入ってきた。意外に元気そうで昨日のことはこたえていない様子なので、キャスリンはほっとした。

ほかのメンバーがそろったところで、キャスリンは前日のスピーチの簡略版で会議の幕を開けた。「さて、始める前に、私たちがここにいる理由を思い出してみましょう。私たちは競争相手より資金が潤沢で、経験豊富な経営陣がいて、技術で優っていて、人脈もあります。なのに、市場では少なくとも二社に遅れをとっています。私たちの仕事は、売上高、利益率、顧客の獲得率と維持率を高め、できれば株式公開できるところまでもって行くことです。でも、私たちがチームとして機能しなければ、このうちのどれも実現しません」

ここで一呼吸おいた。部下たちは驚くほど真剣に聞いていた。はじめて聞くといった様子だった。「何か質問は?」

何人かは黙って座っているだけでなく、〈質問はありません。始めましょう〉というように首を横に振った。少なくとも、キャスリンはそう解釈した。

それから二時間かけて、グループは昨日の資料を見なおした。一時間ほどたつと、マーティンとニックがやや興味を失ってきて、JRは携帯電話が振動するのを無視するたびに気もそぞろになってきた。

キャスリンは、話し合いを始める前に、メンバーが気にかけていることについて話しておこうと考えた。「みんな、『これは昨日やったことなのに』と思い始めているでしょうね。おなじことをくりかえしているのは承知してます。でも、これをどう利用すればいいのか完全に理解しなければ、定着したとは言えませんよ」

それからさらに一時間、類型ごとの特徴がどのように現れるか、その類型の一般的な強みと弱みはどのようなことかを話し合った。マイキーはほとんど口を開かず、たまに開くと会話の流れがひどく滞った。マーティンもほとんど発言しなかったが、集中はしていて、会話についていった。

午前の半ばに、人間関係のスタイルとチームの行動に関するレビューが終わった。昼食まで一時間足らずだったので、キャスリンは今日の一番大事な予定に取りかかることにした。後でふりかえると、このときがマイキーとほかのメンバーとの決定的な瞬間となった。

キャスリンはふたたびホワイトボードへ歩み寄って説明した。「チームワークは信頼を築くことから始まると言いましたね。そのための唯一の方法は、完全無欠でありたいという気持ちを克服することです」。キャスリンは、ホワイトボードの「信頼」の隣に「完全無欠」と書いた。

「そこでこれから、リスクは低いけれど有効なやり方で、自分の弱点を人に見せていきます」

それから全員に五分間を与え、ディシジョンテックの成否に最も大きく関わると思われる自分の強みと弱みを一つずつ考えるよう指示した。「ありきたりの弱みをあげたり、強みを適当な言葉でごまかしたりしないでね。みんな自分でいいと思っているところは、遠慮したり恥ずかしがったりして正直に言わないものだから。これは簡単な演習だけど真剣に考えて、自分を表に出そうとしてちょうだい」

全員が答えをメモしたところで、議論が始まった。「それじゃあ、まず私から」。キャスリンはちらっとメモを見た。「私の最大の強み、成功に最も貢献できそうだと思う強みは、飾りたてられた余分な情報を見通して、大事なポイントに切り込むことができる点です。不必要なこまかい情報は切り捨てて、物事の核心にたどり着くことができる。これはずいぶん時間の節約になるはずです」

キャスリンは一拍おいて続けた。「私の弱みは、一流のスポークスマンとは言えないことです。というより、対外的に話をするのが下手です。PRの重要性を低く見てしまう癖があって、大勢の人の前とか、もっとひどいのはテレビ・カメラの前に立つと、うまく話したり、気のきいた話をすることができません。私たちの希望をすべて実現するには、この点について誰かの手を借りる必要があります」

話している間、JRとマイキー以外の全員がメモをとっていた。キャスリンにはそれがうれしかった。「さあ、次は誰?」

すぐに話し始める人はいなかった。みんな周りを見回して、仲間の誰かが進み出ないかと期待したり、話し始めていいかとうかがったりしていた。

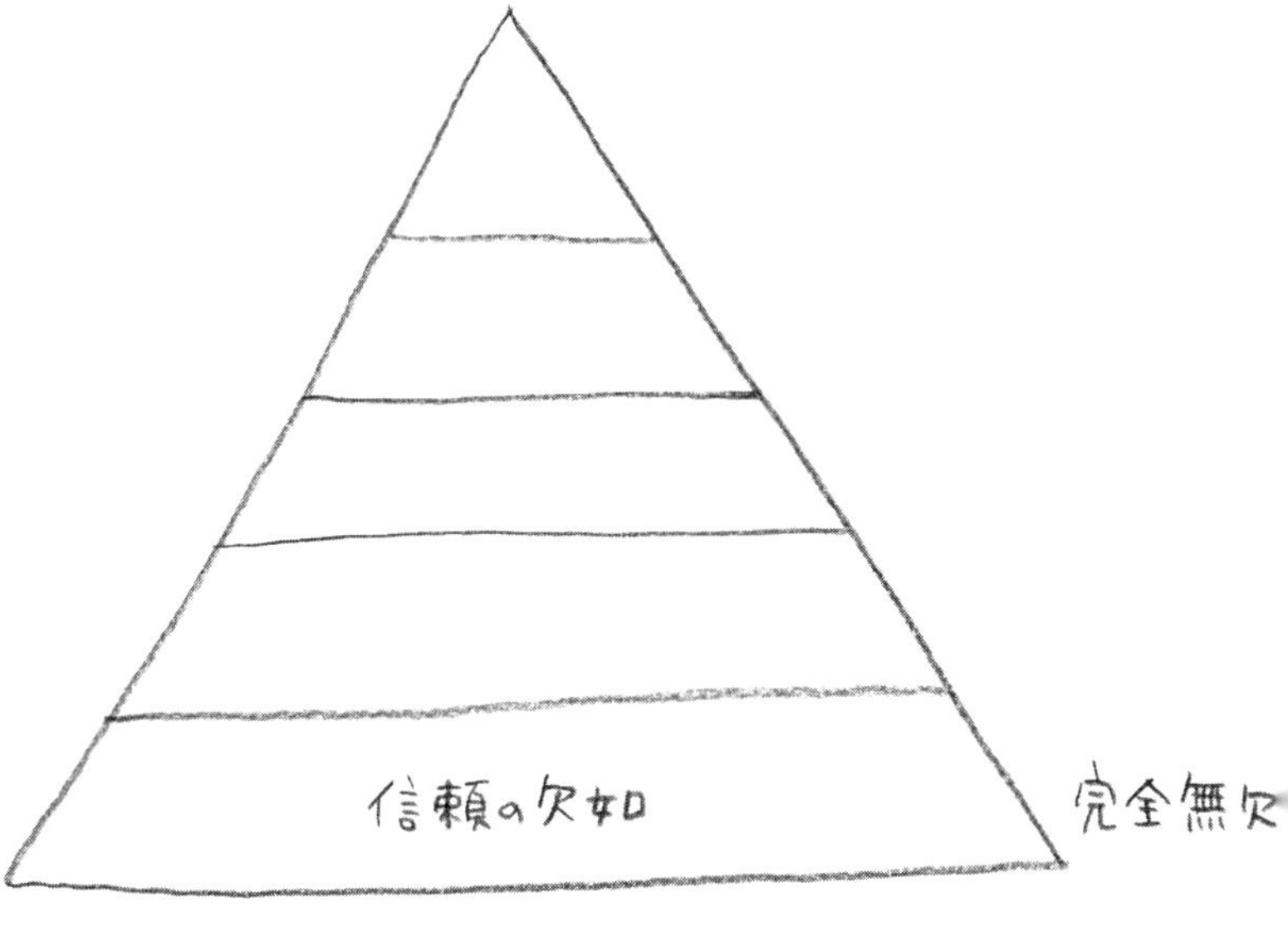
信頼の欠如
完全無欠

やっと、ニックが沈黙をやぶった。「じゃあ僕が。いいですか?」とメモに視線を落とした。「僕の最大の強みは、パートナーにせよ、ベンダーにせよ、競争相手にせよ、外部の企業との交渉や管理に際してひるまないことです。やりたくないことを強引にやらせるのも平気です。ただ、僕の最大の弱みは、時々傲慢に見えることです」

数人が少し引きつったように笑った。

ニックはにこりと笑って続けた。「そう、この問題は大学生のときか、もしかしたらその前からです。人を冷笑したり、不躾な態度をとることもあります。それに、自分は誰よりも頭がいいと思っているようにとられることもあります。相手がベンダーのときはそれでもいいかもしれませんが、ここにいるみんなは、ちょっといらいらしているかもしれません。それは目標にたどり着くためにはよくないことだと思ってます」

ジェフが口をはさんだ。「きみの強みと弱みは、根っこはおなじようだね」

意外にもマーティンが同意を示した。「たいていそういうもんじゃないか?」

キャスリンは、ニックが正直に話したこと、ほかのメンバーが感想を述べたことを好ましく思った。ニックが最初に話してくれてよかった。「いいでしょう。そういう話を聞きたいんです。次は誰?」

ジャンが進み出て、自分の管理能力と細部への注意力を強みにあげ、その場で全員が同意した。次に、新企業のＣＦＯとしては財務に関して慎重すぎることを認めた。その原因は、自分が大規模な企業で訓練を受けたことと、同僚がコスト管理について十分考えていないように思えることだと説明した。「でも、私がうるさすぎるので、みなさんが合わせるのは大変だろうと思います」

カルロスが、ほかのメンバーも一歩か二歩は歩み寄れると思うと言って元気づけた。次はジェフである。ジェフは、すばらしい人脈づくりの技量、投資家やパートナーと協力関係を築く能力を、胸を張って自慢できなかった。

しかし、ジャンが放っておかなかった。「ちょっと待って、ジェフ。私たちが成功したことが一つあるとすれば、それは莫大な資金を調達したことと、投資家にこの会社に関心をもってもらったことだわ。それに関するあなたの役割を謙遜しちゃだめよ」

ジェフはこの思いやりのある叱責をしぶしぶ受け入れ、次に弱みを認めて一同を仰天させた。「僕は失敗するのがとてもこわいんだ。だから何でもこまかく計画を立てて、自分でやろうとする癖がある。ほかの人に指示を出して任せるのは好きじゃない。でも、そのせいでよけいに自分が失敗する可能性を高めている」

ほんの一瞬、ジェフは感情を押し殺しているように見えたが、すぐに平静に戻った。自分では誰にも気づかれてないと思っていた。「それが、われわれが成功しなかった、そして僕がＣＥＯではなくなった最大の理由だと思う」。そしていったん間をおき、あわてて付け加えた。「でも、そのことは本当にいいんだ。実は、ＣＥＯを降りられてよかったと思ってるんだ」

温かい笑いが起きた。

キャスリンには、最初に進み出た三人がこれほどうまくいったことが信じられなかった。一瞬、この調子が続いて今日は大成功に終わるのではないかという希望をもち始めた。そのとき、マイキーが話し出した。

「じゃ、次は私の番ね」。それまでの三人とちがって、マイキーは話している間ほとんどメモから目を離さなかった。「私の最大の強みは、ハイテク市場について理解していることと、アナリストやマスコミへの対応を心得ていることです。私の最大の弱みは、財務面のノウハウに乏しいことです」

沈黙が流れた。感想も、質問も、何も出なかった。

キャスリンだけでなくほとんどのメンバーが、二つの気持ちに揺れた。マイキーの番が終わったことへの安堵感と、発言の浅薄さへの失望。このときキャスリンは、マーケティング担当副社長にもっと弱みを見せるよう迫るのは適当ではないと考えた。それはマイキーが自分でやるべきことだ。

刻々と時が流れ、全員がひそかに誰かが沈黙をやぶってくれないかと願った。それをカルロスが救った。

「じゃあ、次は僕だ」。カルロスは話の質をふたたび高めようと精一杯努力し、自分の強みとして約束を守ること、弱みとして自分の現在の状況を人に知らせないことをあげた。

カルロスが話し終わったところでジャンが口を出した。「カルロス、あなたどっちの答えも肝心なところが抜けてるんじゃない?」。カルロスとジャンがとても親しい仲になっていることを知らないキャスリンは、その率直な話しぶりに驚いた。

「まず、たしかにあなたはどんなことでも徹底してやるけど、つまらない仕事を進んで引き受けて文句を言わないところが本当の強みよ。ひどい言い草に聞こえるでしょうけど、いつもあなたが助けてくれなかったら、私たちどんなことになるかわからない」。複数の声が同意した。「それと弱みの方だけど、会議中にもっと考えていることを話してくれてもいいと思う。控えめすぎるのよ」

一同はカルロスがどう答えるかと待っていたが、うなずいてメモをとり、「わかった」と言っただけだった。

次にJRが話し始め、こう説明したとたんに全員が爆笑した。「もちろん、私の最大の強みは、約束を守ることと細部に注意が届くことです」。グループがひとしきり笑ったとところで、JRは続きを話した。「まじめな話、私が得意なのは顧客と強力な人間関係を築くことです。これは本当です」。控えめな言い方だったので、みんなも認めた。「欠点は、どうしても重要なことだと思わないと、つまり、契約の成立に関係なさそうなことだと、時々すっぽかしてしまうことです」

「時々？」とニックが聞き返した。ふたたび部屋は笑いに包まれた。

JRは赤くなった。「わかっています。どうもたまった仕事を片づける時間をつくれないんだ。どうしてだろう。でも、チームのためによくないと思うよ」

最後にマーティンが残った。「どうやら俺の番だな」。まず深呼吸をした。「こんなふうに自分のことをしゃべるのはきらいだが、言わなくちゃいけないとしたら、得意なのは問題解決とか分析とか、そういったことだろうな。苦手なのは人とのコミュニケーションだ」。少し間があった。「つまり、それができないわけじゃないが、あまり過敏じゃない人の方がいい。完全に理性ベースの会話ができて、相手が何を考えてるかなんてことを気にしなくて済むならいいんだ。わかるかな」

「もちろん」とジェフが答え、さらに思い切って言った。「問題は、そのせいできみが相手のことをきらってるように思われる場面があることだ。時間の無駄だと考えてるんじゃないかってね」

マーティンはジェフの言葉に見るからに肩を落とした。「いや、そんなことは全然ない。本当に、そんなつもりはないんだ。くそ、最悪だな。全然そんなつもりはないんだが、そういうふうに見られるってことはなんとなくわかる。どうしたら変えられるのかわからない」

この午前中ではじめて、マイキーがにこやかに口をはさんだ。「何年も心理療法を受けることね。それでも変えられないでしょうけど。あなたは傲慢なだけのくだらない人間よ。もっとも、シリコンバレーのＣＴＯなんてみんなそんなものじゃない？」

マイキーは声高に笑った。ほかの人は笑わなかったが、マーティンだけはどう答えていいかわからず、冗談として済ませたくて笑ってみせた。内心は意気消沈していた。

キャスリンは後で、マイキーの発言をとがめなかった自分を激しく責めた。そのときには、心の知性がひどく低いせいで彼女がこんなことを言うのだと考えた。いずれにせよ、マイキーの行動がほかのメンバーに深刻な影響を与えていることは、もはや明白だった。

自尊心

全員が席についたところで、キャスリンが方針の変更を発表した。「さて、これから一気に最後の機能不全へと進みますが、弱みへの恐怖と信頼の必要性については、今後一カ月のうちに何度もくりかえし話をします。それがいやだという人は、心しておくことね」

みんなそれがマイキーに対する言葉だと思った。マイキーとおなじようにもがいている人間がチームにもう一人いるとは、誰も考えていなかった。

キャスリンは次の機能不全を説明するためにホワイトボードのところへ行き、三角形の一番上に「結果への無関心」と書いた。

「図の一番上へ進んで、究極の機能不全について話し合います。それは、チームのメンバーが個人として認められ、注目されることを求めて、結果を犠牲にすることです。結果

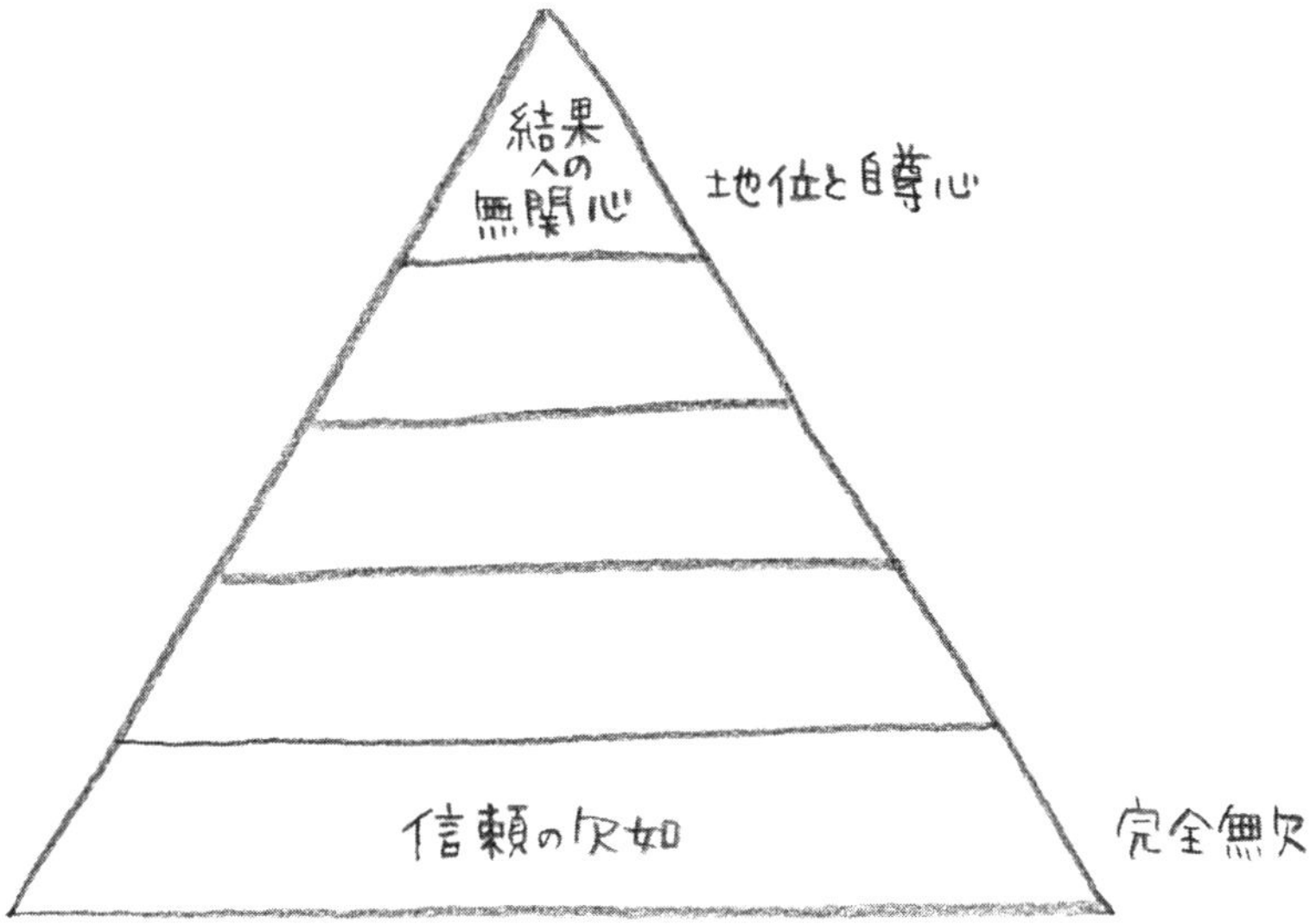
結果への無関心
地位と自尊心
信頼の欠如
完全無欠

というのは全体の結果、チーム全体の目標のことです」

ニックが「つまり自尊心の話ですか」とたずねた。

「そうね、それもあると思います」とキャスリンもうなずいた。「でも、チームには自尊心が不要であるということじゃありません。大事なのは、チーム全体の自尊心を個人の自尊心より優先することです」

「それが結果とどう結びつくのかよくわからないんですが……」とジェフが言った。

「全員が結果を重視し、結果によって成功したかどうかを判断すれば、自尊心が手に負えなくなる心配はありません。チームのなかの個人がどれほど自分の状況に自信をもっていても、チームの負けは全員の負けなんです」

部下のうち何人かはまだ飲み込めないようなので、キャスリンは別の方向から話をした。

「昨日、私の夫はサンマテオのセント・ジュード高校でバスケットボールの監督をしていると話したでしょう」

ニックが補足した。「ものすごく優秀な監督なんだぜ。僕が高校生の頃から、大学からも誘いが来ていたのに、毎年断ってたんだ。伝説の監督だよ」

キャスリンは夫を誇りに思い、ニックの評価をうれしく受けとめた。「そうね、並外れたところはあるし、自分の仕事に関してはたしかに優秀だと思うわ。とにかく、彼はチームを大事にするの。チームとしてはすばらしいんだけど、有名大学の選手になった子はほとんどいない。はっきり言って、それほどの才能がある子がいないのね。勝つのはチームプレーに徹するからよ。だからいつも自分たちより背が高くて、動きも速くて、才能のある選手たちに勝てるの」

ニックは、セント・ジュードに何度も負けた経験から、深くうなずいた。

「夫の、ケンのチームにも、結果をまったく気にしない選手がたまに入ってきます。チームの結果をね。何年か前に、自分の記録のことしか頭になくて、個人的な評価ばかりを気にしてる子がいたわ。リーグ代表とか、新聞に写真が載ったとか、そういうことをね。チームが負けても、自分が得点していればいい気分。で、チームが勝っても、自分の得点が少なかったら不満になる」

ジャンは興味をそそられた。「それで、ご主人はその子をどうしたの?」

もっとケンの話をしたいキャスリンはにっこりした。「問題はそれなの。その子はまちがいなくチームのなかでも才能がある方だった。けれど、ケンは控えとしてベンチに座らせたの。チームはその方がいいプレーができて、そのうちその子は辞めたわ」

「きびしいなあ」とJRが言った。

「そうね。でも次の年、その子もずいぶん態度を変えて、卒業した後はセント・メアリー大学でプレーを続けたの。今ならきっと、あれが人生で一番大事な年だったって言うでしょうね」

ジャンはまだ興味津々だった。「誰でもそういうふうに変われると思います?」

キャスリンは迷わず答えた。「いいえ。そういう子供一人に対して、絶対に変われない子供が一〇人はいる」。そのきっぱりとした答えに一同は肩を落とし、その瞬間、複数のメンバーがマイキーのことを考えた。「きびしいと思うかもしれないけど、ケンはいつも言ってるわ。自分の仕事はできるかぎりいいチームをつくることであって、個人のスポーツマンとしてのキャリアを世話することじゃないって。私も自分の仕事について、おなじように考えてます」

ジェフは全員にたずねてみることにした。「誰か高校か大学でチーム・スポーツをやったことはある?」

キャスリンはジェフの調査を止めて、予定の方向へ話を進めたいと思った。しかし、多少の予定外の議論は、チームワークに関係があれば、何よりもチームにとって意味があるだろうと判断した。

ジェフはぐるりと見回し、みんなに質問に答えるチャンスを与えた。

ニックは大学でバスケットボールをやっていたと言った。カルロスは高校でフットボールのラインバッカーだった。

マーティンが誇らしげに「俺は正統なフットボールをやっていた」と言った。全員がこのサッカー好きのヨーロッパ出身者のことをくすくすと笑った。

マイキーは高校では陸上部だった。

ニックが「でも、それは個人競技なんじゃゃ……」と言うと、「リレーチームで走ってた」とみごとに切り返した。

キャスリンもあらためてバレーボールの選手だったと答えた。

ジャンはチアリーダーとダンス・チームのメンバーだった。「それはチームじゃないなんて言う人がいたら、予算、半分カットよ」

全員がどっと笑った。

ジェフはスポーツの才能がないことを打ち明けた。「どうしてスポーツだけがチームワークを学ぶ方法だと思われてるのか、理解できないんだ。僕は子供のときも、あまりスポーツをやったことはない。でも、高校と大学ではバンドをやってた。あのときチームってものを理解したと思うよ」

キャスリンは話の主導権を取り返す機会だと思った。「それはそうね。まず、チームワークはたしかにいろんな活動から学ぶことができる。複数の人間が共同作業するものなら何でもね。でも、チームというとまずスポーツが出てくるのには理由があるの」。キャスリンのなかの中学教師が急に目覚め、生徒たちに次の質問に答えるチャンスを与えたくなった。「誰かその理由がわかる?」

授業で何度も経験したように、生徒たちはさっぱりわからない様子だった。でも、しばらくこの沈黙を我慢すれば、すぐに誰かが答えを思いつくことを知っていた。ここではそれはマーティンだった。

「得点だ」。いつものように、マーティンの答えにはほとんど文脈というものがなかった。

「説明して」。キャスリンは生徒に対するのとおなじように命じた。

「ええと、たいていのスポーツは、試合が終われば得点という明確な形で、成功したか失敗したかがわかる。あいまいさが入り込む余地はほとんどない。つまり……」。マーティンは口をつぐんで適当な言葉を探した。「……主観的で解釈しだいという自尊心主導の成功が入り込む余地がないんだ。意味が通じてるかな」

全員がわかるというように首を縦に振った。

「ちょっと待って」とJRが口をはさんだ。「スポーツ選手には自尊心がないって言うのかい」

マーティンが当惑しているので、キャスリンが割って入った。「自尊心のかたまりよ。

でも、すぐれたスポーツ選手の自尊心は、ふつう『勝利』という明確な結果と結びついている。ただひたすらに勝ちたいの。オールスター・チームに入ることより、ホイーティーズのパッケージに写真が載るよりも、そしてお金を稼ぐよりもね」

「今ではそんなチームがいくつあるかわからないけど。特にプロ・スポーツの世界ではね」とニックが言い放った。

キャスリンがにっこりした。「だからいいのよ。競争相手のほとんどは、自分のことだけを考えている個人の集団にすぎない。そのぶん、チームワークを見出せば、以前よりずっと有利になる」

マイキーは少し退屈そうだった。「それがソフトウェア会社と何の関係があるの?」

またしてもマイキーが会話を止めた。しかし、キャスリンはマイキーを成長させるためにできるかぎりのことをしたかった。もっとも、すでにマイキーを変えられる見込みは低そうだと思い始めていた。「それもいい質問ね。このことはいろんな意味で私たちに関係があります。私たちはチーム全体の結果に、フットボールの得点とおなじぐらい重要な意味をもたせたいの。成功の意味について解釈の余地を残したくない。それは個人の自尊心が入り込むすきをつくるだけだから」

「得点なら今でもわかってるじゃないの」。マイキーは粘った。

「利益のことを言ってるの？」

マイキーはうなずき、〈ほかに何があるって言うの？〉と言いたげな顔をした。

キャスリンは辛抱強く話した。「たしかに、利益は重要な結果の一つです。でも、私が言ってるのはもっと目先の結果のことなの。利益が結果を表す唯一の指標だったら、シーズンが終わる頃にならないとチームの成績がわからないでしょう」

「わからなくなってきたな」とカルロスも言った。「利益のほかに大事な得点があるのかな？」

キャスリンはにこりとした。「ええ、ここからはちょっと堅苦しい話になります。ここではっきりさせておきます。私たちの仕事は、達成すべき結果を明確にし、ここにいる全員にはっきりわかる形に表して、誰も自分個人の地位や自尊心のためだけに行動しようなどと考えないようにすることです。そういう考えがあると、全体の目標を達成できなくなるからです。そうなれば全員の負けです」

少しずつ言いたいことが伝わってきたのを見て、キャスリンは一気に話を進めた。「もちろん、すぐに把握できるぐらい明快に、すぐに対応できるぐらい具体的に、目標を、結果を定義することが大事です。利益はすぐに対応できる目標とは言えません。もっと日常の仕事に密接な目標が必要なんです。そのために、今考えつくことを話し合いましょう」

目標

キャスリンは全員を二、三人ずつのグループに分け、グループごとに、チームの得点を表せそうな結果カテゴリーのリストを提案するよう求めた。「まだ数字の話はしないでね。カテゴリーをつくるだけ」

一時間で一五種類以上の結果カテゴリーがあげられた。そのうちいくつかを一緒にしたり、いくつかを削ったりして、「売上高」「経費」「新規顧客獲得数」「既存顧客満足度」「社員維持率」「市場の認知度」「製品品質」の七つに絞り込んだ。さらに、これらを月に一度ずつ測定することにした。四半期ごとに結果を追跡したのでは、問題を見つけて活動内容を変える機会が十分にないからだ。

ところが、また仕事の話に戻ったため、部屋のなかの陽気な空気が失われてきた。そうなると、かわりにいつもの批判が始まる。

マーティンが言いだした。「悪いけど、これじゃ目新しさがないな、キャスリン。この九カ月使ってきたのとまるっきりおなじ指標だ」

メンバーの目の前で、キャスリンの威信が失われて行くように思われた。

JRがたたみかけた。「そうだな、それにこのなかのどれも売上げを増やすのに役に立たなかった。はっきり言って、早いところ二、三件契約をとってくる以外、こういうものに意味があるとは思えない」

キャスリンは、予想どおりの展開になってきたことにおもしろがってさえいた。こういうときに現実的な仕事の問題を思い出すと、最初に自分たちをこの苦境に追い込むことになった行動へと逆戻りしてしまうものだ。でも、そのことは計算済みだ。

「それじゃ、マーティン。この前の四半期の市場認知度の目標を教えて」

マイキーが上司の言葉を訂正した。「ここでは広報活動って言ってます」

「了解」。キャスリンはまたマーティンを見た。「広報の目標が何だったか、正確に言える?」

「いや。でもマイキーには言えるよ。俺も製品開発の期日なら言える」

「わかりました。それじゃ、広報活動の結果がどうだったかだけ教えて」。キャスリンは、マーティンが知っていなければいけないことをはっきりと示すために、ふたたびマーティンに向かって質問を発した。

マーティンは途方にくれた。「さあ、わからない。ジェフとマイキーがそんな話をしてたと思う。ただ、売上げの数字からみて、あまりよくなかったとは思うが」

マイキーは驚くほど冷静だった。それだけに、次の発言がいっそう不快に聞こえた。

「いい? 私は毎週の会議に広報活動の統計をもっていってるの。でも誰もたずねようとしない。それに、売れなければどのメディアにも取り上げてもらえないわ」

この発言には誰よりもJRが腹を立てて当然だが、答えたのはマーティンだった。それも皮肉たっぷりに。「そいつはおかしいな。マーケティングの目的は売上げを増やすことだと思ってたよ。逆だとは知らなかった」

マイキーはマーティンの言葉が聞こえなかったかのように自己弁護を続けた。「私たちの問題はマーケティングのせいじゃないってことは言えるわ。それどころか、こんな状況のなかで私の部署はよくこれだけやってきたと思うけど」

カルロスは〈だけど、きみの部署がうまくいかないのは会社がうまくいっていないからだ。会社が失敗したら僕らもみんな失敗だ。自分の部署の仕事ぶりだけを正当化できるはずがない……〉と言いたかった。しかし、マイキーがプレッシャーで押しつぶされそうなのを感じとり、これ以上追い込みたくなかったので何も言わなかった。

みんながいらいらし始めたため、キャスリンは、待ちに待った乱戦が始まると思った。ところが、会話はぱたりと止まった。そして息絶えた。

〈また、これだ〉とキャスリンは思った。

キャスリンは、この機会を逃すまいと決めた。

「根本的な問題が見えてきたわね」

ジェフがニヤリとして、皮肉っぽく、だがいやみのない口ぶりで「ほんとに?」と言った。

キャスリンは笑った。「観察力抜群でしょ。とにかく、個人の評価ではなく結果を重視するということは、全員が共通の目標と指標を使って、日常的に実際にそれを使ってみんなで決定するということです」

この簡単なポイントを一同がなかなか認めようとしないのを見てとって、キャスリンはまた質問から始めることにした。「四半期の途中で、あやうくなってきた目標を確実に達成できるように、部門間での人事異動を話し合ったことが何回ぐらいある？」

全員の表情が〈一度も〉と語っていた。

「目標をくわしく検討して、達成できた理由、できなかった理由を分析する会議を、きちんと手順を決めてやっている？」。答えは聞くまでもなかった。

ジェフが説明した。「正直言って、マーケティングのことはマイキーの仕事だと思っていた。製品を開発するのはマーティンの仕事、営業はJRの仕事。できることは協力したけど、それ以外は各自が担当分野に責任をもてばいいと思ってた。そして、自分にできることがあれば、一対一で問題に対応していた」

キャスリンはまたスポーツにたとえ、これでわかってくれればと願った。「バスケットボールの監督が、ハーフタイムでロッカールームにいるところを想像してちょうだい。センターを監督の部屋に呼んで、前半のプレーについて一対一で話をする。次にポイントガードにも、シューティングガードにも、スモールフォワードにも、パワーフォワードにもおなじようにして、ほかの人には話の内容を知らせない。そんなのはチームじゃないわ。個人の集団よ」

そして、ディシジョンテックの幹部スタッフがまさにそのような状態にあることは、全員にはっきりとわかった。

キャスリンは、〈こんなことを言わなくちゃいけないなんて、信じられない〉と言わんばかりに、笑顔を浮かべていた。「あなたたち全員に売上げに対する責任があります。JRだけじゃありません。あなたたち全員にマーケティングに対する責任があります。マイキーだけじゃありません。あなたたち全員に製品開発、顧客サービス、財務に対する責任があります。わかりますか?」

単純明快な真実を突きつけられ、あきらかに自分たちがグループとして不十分だったことを思い知らされて、ここまで一日半続いてきた「結束」の幻想がもろくも崩れ去った。

ニックは首をふって、これ以上黙っていられないというように話しだした。「思うんだが、このテーブルを囲んでいるのは本当に適切な人材なんだろうか。きちんと業績をあげて、しっかりした戦略的パートナーシップを築いてくれる大物が必要なんじゃないだろうか?」

JRは営業を暗に攻撃されて愉快ではなかった。しかし、いつもとおなじように黙っていた。

かわりにキャスリンが答えた。「みんな、競争相手のウェブ・サイトは見てる?」。数人がうなずいたが、何を言おうとしているのか見当がつかなかった。「他社を経営してる人たちの経歴は知っている?」。全員、ぽかんとした。「そういうこと。経営陣に大物なんていないわ。どうしてそういう人が自分よりうまく行くと思うの？」

ジェフが気の乗らない返事をした。「ワイヤード・ビンヤードは初っぱなからヒューレット・パッカードと提携した。それにテレカートは、今では収益の大部分をプロフェッショナル・サービスが占めている」

キャスリンはそれがどうしたという顔をした。「それで？　あなたたちもおなじように提携関係をつくったり、事業計画を修正したりしちゃいけない理由でもあるの？」

ジャンが手をあげ、キャスリンの言葉を待たずに話し始めた。「キャスリン、悪くとらないで。でも、『あなたたち』じゃなくて『私たち』って言ってもらえないかしら。CEOなんだし、もう私たちのチームの一員なんだから」

一同はキャスリンがこの的確な意見にどう答えるかをじっと待った。キャスリンは何と答えるか決めようとするようにひざに視線を落とし、ふたたび顔をあげた。「そのとおりね、ジャン。私はコンサルタントじゃないんだわ。指摘してくれてありがとう。まだグループの一員になりきってないんだと思うわ」

「それはお互いさまよ」

ジャンの返事にみんな驚いた。

「それはどういう意味？」とニックが聞き返した。

「そうね、みんなはどうかわからないけど、私は財務以外のことは自分に関係ないような気がしてるの。私自身、コンサルタントになってるときがあるのね。これまでに働いてきたほかの会社では、いつも営業にも事業運営にももっと関わっていたのに、今は自分の担当のことだけで隔絶されてる気がする」

カルロスも同意した。「そうだな、幹部会議のときも、おなじ目標のことを考えているとは思えない。自分の部署の予算を増やそうとしたり、担当外のことに関わらないようにしようとしている気がする」

カルロスの意見に誰も反論できなかった。「それに、僕ばかりが仕事を進んで引き受けるように思われてるけど、これまでに働いたたいていの会社では、誰でもそういうふうに仕事をしていた」

キャスリンは、チームの数人が前進しつつあるのを見てほっとした。それだけに、「ここは政治的なかけひきがひどすぎるわ。それは、私たちが何を達成しようとしているのか、全然はっきりしていないせいね。だからすぐに個人の成功に目が行ってしまう」という一言に対する反応には不意をつかれた。

「ちょっと待った。たしかに僕たちはシリコンバレーで一番健全な経営グループとは言えないけど、政治的っていうのはちょっと言い過ぎじゃないか」とニックが眉をひそめて言ったのだ。

そして、「いいえ。これほど政治的なグループは、あまり見たことがないわ」と言いながら、もうすこしやわらかい言い方ができたはずだと気づいた。すぐに全員が一致団結して、今の痛烈な批判に立ち向かおうとするのが感じとれた。

ジェフでさえ異議をとなえた。「わからないな、キャスリン。あなたがハイテク業界で働いたことがないせいなのかもしれない。僕は過去にかなり政治的な会社をいくつか見てきたけど、僕らがあんなにひどいだろうか?」

キャスリンは答えたかったが、先にほかのメンバーにも言いたいだけ言わせることにした。

ニックがまくしたてた。「他社の幹部から聞いた話を考えても、僕らぐらいがふつうさ。いいかい、この市場はきびしいんだ」

マイキーが血のにおいをかぎつけて飛び込んできた。「そういうこと。だいたい、こんな時期に会社に入ってきて、数週間やそこらでそんなことを言うなんて軽率よ」。ほかのメンバーたちはこの乱暴な発言には同意しなかったが、マイキーには、今ここで反論して、新しい上司に対する優位性を多少なりとも取り戻す機会を誰もがみすみす手放すはずはないとわかっていた。

キャスリンは反論が出尽くすのを待ってから答えた。「まず、不遜な言い方だったとしたら謝るわ。たしかに、私はハイテク業界で働いたことがないから、基準が少しちがうかもしれない」。部分的な謝罪が相手に届くのを待って、続きを話し始めたが、次の一言を「でも」で始めないように気をつけた。「それと、私はみんなに対して卑下したくはないの。それは、私たちが必要なところへたどり着くのに、ためにならないことだから」

ジャン、カルロス、ジェフといった数人のメンバーは、今の誠実な発言を意図したとおりに受けとめているのが見てとれた。

「それに、私たちが置かれている非常に危険な状態を軽視したくない。私たちは重大な問題を抱えている。私はこのグループを観察してきて、政治的だってことは十分にわかったわ」。部下たちの心配には丁重に感謝したものの、もちろん後へ引く気はなかった。「それに正直言って、私は問題を控えめに言うよりは大げさに言う方なの。けれど私個人の満足のためじゃなくて、チームのためだと思うから。これは本当よ」

この一日半の一貫した態度と、こう話すときににじみ出る自信を見て、ほとんどのスタッフはキャスリンが誠意をもって話していることを理解した。

ニックが眉をしかめたが、キャスリンにはそれが怒りを表すのか困惑を表すのかわからなかった。実は困惑だった。「政治的というのがどういう意味か、正確に教えてもらいたいですね」

　キャスリンは少し考えて、まるで暗記している本を暗唱するかのように答えた。「政治的とは、自分が本当にどう考えるかではなく、ほかの人にどう反応してほしいかによって、言葉や行動を選ぶことです」

　一同はしんと静まった。

　マーティンが真剣な顔で緊張をやぶった。「うん、たしかに俺たちは政治的だ」。本人は冗談のつもりはなかったが、カルロスとジャンが声を出して笑った。ジェフはただにっこりとうなずいた。

　グループのメンバーは、キャスリンの指摘に心は動いていたが、まだその考えを受け入れるか、攻撃するか決めかねているのがわかった。答えが攻撃であることはすぐにあきらかになる。

意外にも攻撃したのはJRであり、しかもそれはあまりいいやり方ではなかった。「悪いけど、ほかの機能不全の話は三週間後まで待たせる気じゃないでしょう。残りを教えてもらえれば、何がうまくいってないのか考えて、どうにかできるんだけど……」

この意見は、額面どおりに受けとればどうということはなかった。本当に知りたくて言ったのだとしたら、ほめ言葉とも受けとれるだろう。しかしこのときは、ふだん質問するときには物腰やわらかなこの人物が、いつもとちがう口調で話したことから、この一日半で最もとげのある言葉となった。

キャスリンがさほど自信のない経営者だったら、この発言に動揺していただろう。彼女はしばし、自分が生み出したと思っていた友好的なムードがたちまち消え去ったことへの失望に身をまかせた。しかし、グループに本当の変化を起こすために必要なのは「誠意ある抵抗」なのだと思いなおした。

計画はきちんと守って、この簡単なモデルを少しずつ明かしていきたかったが、JRのアドバイスを受け入れることにした。「わかったわ。すぐに残りの三つの機能不全を説明しましょう」

公開

キャスリンはホワイトボードのところへ行ったが、下から二番めのエリアを埋める前に質問をした。「なぜ信頼が重要だと思いますか? お互いを信用しないグループの実質的な弱みは何だと思いますか?」

数秒の沈黙の後、ジャンがキャスリンを助けようとした。「士気の問題。非効率」

「それはちょっと一般的すぎるわね。とても具体的なことで、信頼が必要な理由が一つあります」

誰も答えられそうにないので、キャスリンはすぐに答えを示した。「信頼の欠如」のすぐ上に、「衝突への恐怖」と書いた。

「お互いを信頼していないと、腹を割って前向きに考えをぶつけ合おうとしません。そして、表向きの調和を守ろうとし続けるだけ」

ニックが反論した。「でも、われわれはいろんなことで衝突します。それに、そんなに調和してるとは言えない」

キャスリンは首を横に振った。「そうじゃないわ。たしかに緊張はある。でも、建設的な衝突は皆無に近い。消極的な皮肉やなんかは、ここで言っている衝突じゃないの」

カルロスが割り込んだ。「でも、どうして調和がいけないんです」

「衝突がないことが問題なの。調和自体はいいことだと思うわ。絶えず問題を切り抜け、衝突をくりかえした結果の調和ならね。でも、それが自分の意見や正直な不安を押し殺した結果なら、いいことではない。そんな偽りの調和よりは、問題について実のある議論をする意思があって、言い争っても何もしこりを残さずにいられるチームの方がいいわ」

カルロスはこの説明に納得した。

キャスリンはそれに力を得て話し続けた。「何度か幹部会議を見てきたから、かなり自信をもって言えるけど、みんなは議論がうまくないわ。時々ちょっとした発言に不満を表すことはあるけど、たいていは胸のうちにしまったままにしてしまう。ちがう?」

この形ばかりの質問に答えて、キャスリンにささやかな満足感を与えるかわりに、マーティンはつっこんだ。「じゃあ、もっと議論するようになったとしよう。それにはどんな

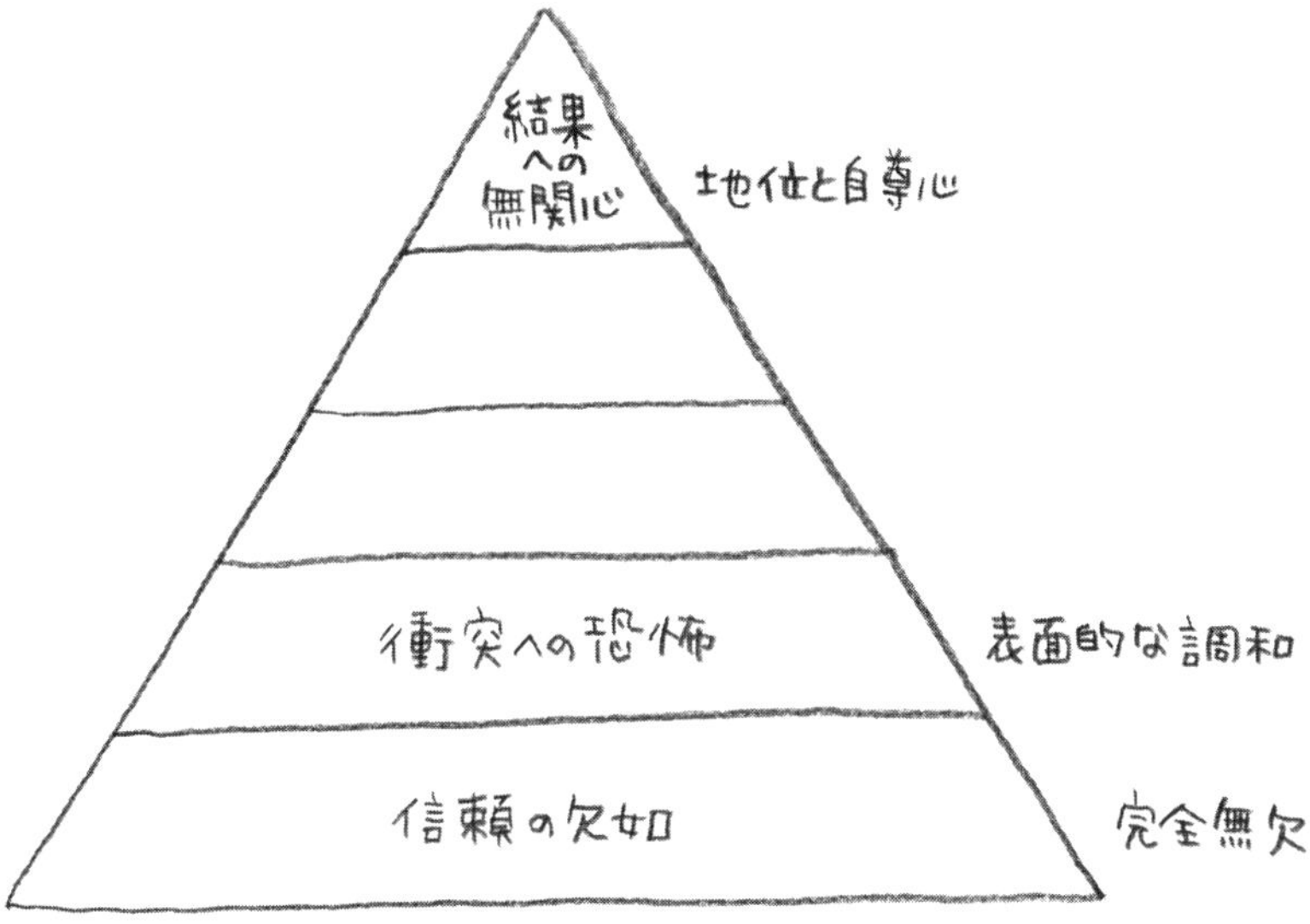
結果への無関心
地位と自尊心
衝突への恐怖
表面的な調和
信頼の欠如
完全無欠

効果があるのか、わからないな。あるとしたら、よけいに時間がかかることぐらいじゃないか」

今度はマイキーとJRがうなずいた。キャスリンが反論しようとしたとき、ジャンとカルロスが加勢した。

まずはジャン。「徹底的に議論しない方が時間を無駄にしていると思わない？　私たち、ITのアウトソーシングについてどれぐらい話し合ってるかしら。会議のたびに話は出るけど、半数が賛成、半数が反対。誰も人を怒らせたくないものだから、結局そのままになってるじゃない」

カルロスがめったに見せない自信ある態度で付け加えた。「そして皮肉なことに、そのこと自体が僕らを怒らせているんだ」

マーティンもしだいに納得してきて、モデルの続きを知りたがった。「わかった、じゃあ次は？」。マーティンとしては、相手が正しいと認めたも同然の発言である。

キャスリンはホワイトボードのところへ戻った。「次のチームの機能不全は『責任感の不足』、決定したことをきちんと支持できないことです」。前の機能不全の上に次の機能不全を書いた。「これは、『あいまいな態度』となって表れます」と言いながら、その言葉を隣に書いた。

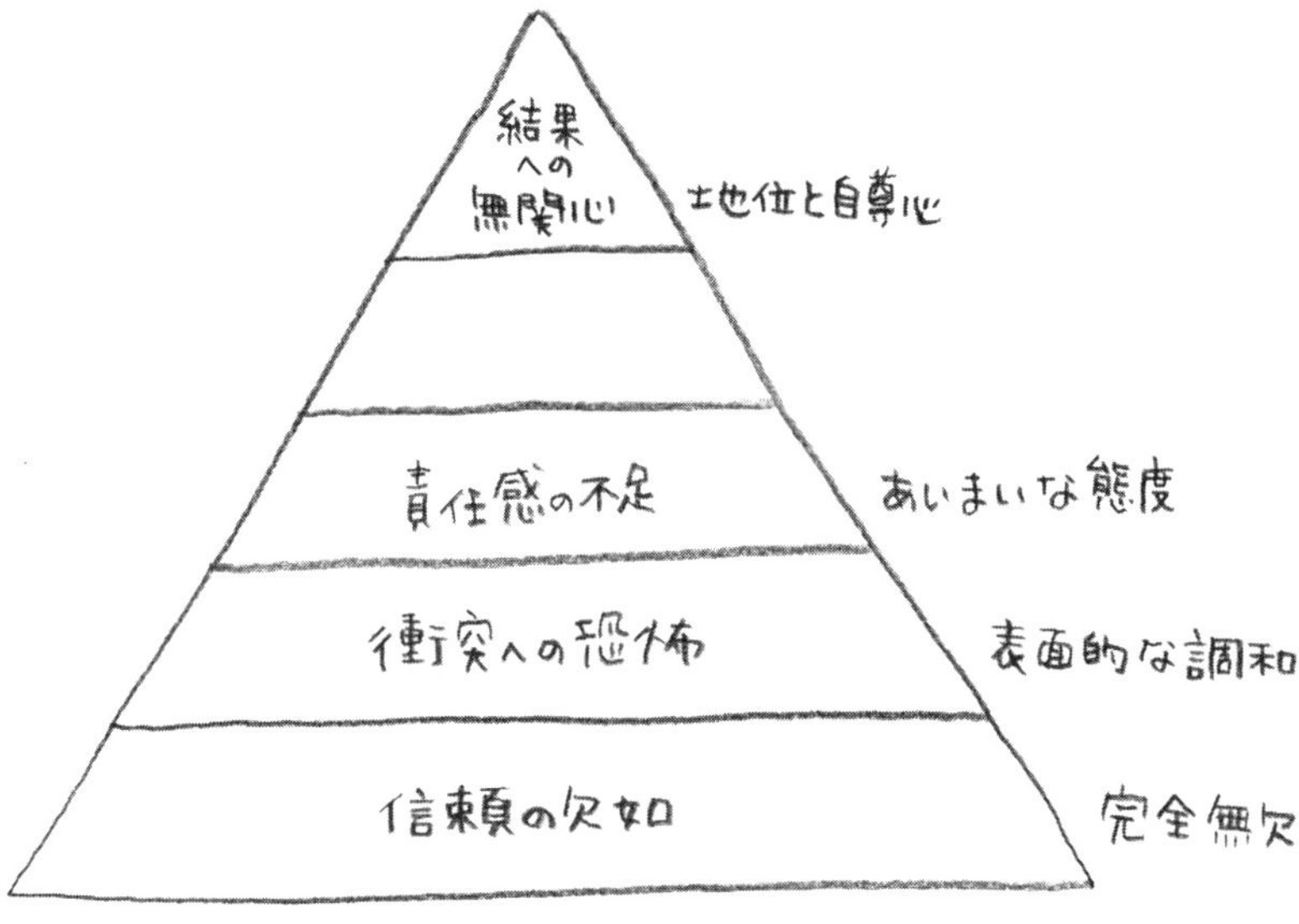
結果への無関心
地位と自尊心
責任感の不足
あいまいな態度
衝突への恐怖
表面的な調和
信頼の欠如
完全無欠

ニックもふたたび参加した。「責任だって？　うちの奥さんと結婚する前に、よく『とれ』って言われてたやつだな」。このさえないジョークに、くすくすと笑いが漏れた。

キャスリンはこの手の反応を覚悟していた。「ここで言ってるのは計画や決定を実行しようという責任感のこと、つまり全員が明確に決定を支持することです。そのために衝突が大切なの」

マーティンは頭脳明晰だが、混乱していることを臆せず認めた。「よくわからんな」

「簡単なことよ。人は意見を吐き出してしまって、話を聞いてもらったと感じないかぎり、真剣に取り組もうとはしない」

「やらせればやるさ」とニックが反論した。「ご主人だって、ダッシュ練習をしたいかどうかなんて、選手に多数決をとらないでしょう」

キャスリンもこの手の反論は歓迎だった。「それはとらないわね。でも、やる必要がないと思う理由は主張させてあげると思う。その主張に賛成できなかったら、というかこの場合できないでしょうけど、その理由を説明してからランニングさせるわ」

「じゃあ、全員一致が必要という話じゃないのね」。ジャンの発言は、実際には問いかけだった。

「もちろんです」。キャスリンはまた学校教師の口調になってきた。「全員一致なんてとんでもない。本当に全員が同じ意見で、自然の流れですぐに全員一致にいたるならすばらしいことよ。でも、ふつうそうはいかないから、全員一致というと全員を満足させようとすることになる」

「ところがそれは、全員を平等に不満にさせる」。ジェフはそう言いながら、悪い記憶を思い出したように苦痛の表情をうかべた。

「そのとおり。ポイントは、理性的な人なら、何がなんでも自分の意見を押し通そうとはしないという点です。ただ話を聞いてもらって、自分の意見をほかの人が検討して答えを出したことを確認したいだけです」

「それで、責任感の不足がどう関わってくるんですか?」とニックがたずねた。

「チームは、完全な合意を求めて議論から先に進めないために、身動きとれなくなってしまうことがあります」

JRが「合意しなくとも責任を果たせ、か」と声をあげた。

「どういうこと?」キャスリンが説明を求めた。

「ええ、前にいた会社では、それを『合意しなくとも責任を果たせ』と言ってたんです。話し合いで意見がまとまらなくてもかまわないが、決定したことに対しては、最初から支持していたつもりで責任を果たせってことです」

ジェフがはたと顔をあげた。「そうか、それで衝突が出てくるわけだ。責任を果たす意思がないわけではないのに、そうしないのは……」

カルロスが引き継いだ。「議論に参加してからでなければ、心から支持できないからだ」

全員が納得したという顔をした。

「最後の機能不全は？」みんなが驚いたのは、それがマイキーの言葉だったからだ。しかも、本当に答えを聞きたそうだった。

キャスリンはホワイトボードのところへ行って、最後のエリアを埋めようとした。そのとき、マーティンがノートパソコンを開いてキーをたたき始めた。全員が凍りついた。キャスリンは動きを止め、技術責任者を見つめた。本人には、周りの空気が張りつめた理由がわからなかった。

しかし、突然その理由に気づいた。「ちがうんだ。実は、ええと、本当にメモをとってるんだ」。マーティンは画面上に作成している文書を見せようとした。

マーティンが必死になって自分の行動を説明し、チームのルールをやぶるまいとしているのが、誰の目にもおかしかった。キャスリンも笑った。この技術責任者がこのプロセスに急に熱心になったのがうれしかった。「いいわ、信じましょう。今回は見逃してあげる」

時計に目をやると、もう何時間も休憩していなかった。「もう遅いわ。三〇分間休憩にしましょう。続きは後で」

聞けば否定するだろうが、一同ががっかりした顔をしたのがキャスリンにはわかった。JRにはそれを認める度量があった。「このまま最後のひとつをやってしまいましょう」。そして、ユーモアたっぷりに「それが何だかわかるまで、誰もリラックスできないと思いますよ」と言った。

その口調にはどこか意地の悪いところがあったが、ユーモアの影には、かすかだがまちがいなく何かを認める気持ちがあった。さっきの発言が無礼だったことを認めたのか、それともキャスリンの説明が真実だと認めたのかは、口調が表すものに比べればどうでもいいことだった。

キャスリンはよろこんで言うことを聞いた。ホワイトボードに歩み寄り、「説明責任の回避」と書いた。

「全員が明確に決定を支持したら、やると約束したことについて、水準の高い仕事をして、行動をとるよう、互いに説明責任を求める必要があります。簡単なことに思えるかもしれないけど、たいていの経営幹部は人間関係に波風を立てたくないから、これをいやがるの。特に、同僚の行動に対してはね」

「具体的にどういうことですか」とジェフがたずねた。

「たとえば、何か大事なことについて、ある同僚をとがめなければいけないのに、いやな気持ちになりたくないから、そのまま放っておく。たとえば……」。キャスリンがひと呼吸おいたところで、マーティンが引き継いだ。「たとえば、誰かに会議中はメールを見るなと言わなくちゃいけないとき」

「そのとおり」。キャスリンはうれしそうに答えた。

さらにカルロスが言った。「僕もそういうのは苦手なんだ。人に向かって基準が低すぎるなんて言いたくない。それよりは我慢して、なんていうか……」と適当な言葉を探した。

かわりにジャンが言った。「人間関係に波風を立てたくない」

カルロスはうなずいた。「たしかに、そういうことなんだと思う」。それから少し考えて付け加えた。「でも、変だな。自分の部下に向かって考えを話すのは、そんなにいやじゃない。やっかいな問題のときでも、たいてい説明責任を追求しているな」

キャスリンは目を輝かせた。「そうなの。部下にきびしい話をしたり、やっかいな問題で対立したりするのも大変なときがあるけど、相手が同僚だともっと難しい」

「どうしてだろう」とジェフが聞いた。

キャスリンが答える前に、ニックが説明した。「自分たちは対等なはずだと思ってるからさ。マーティンとかマイキーとかジャンに仕事のやり方を教えるなんて、自分は何者な

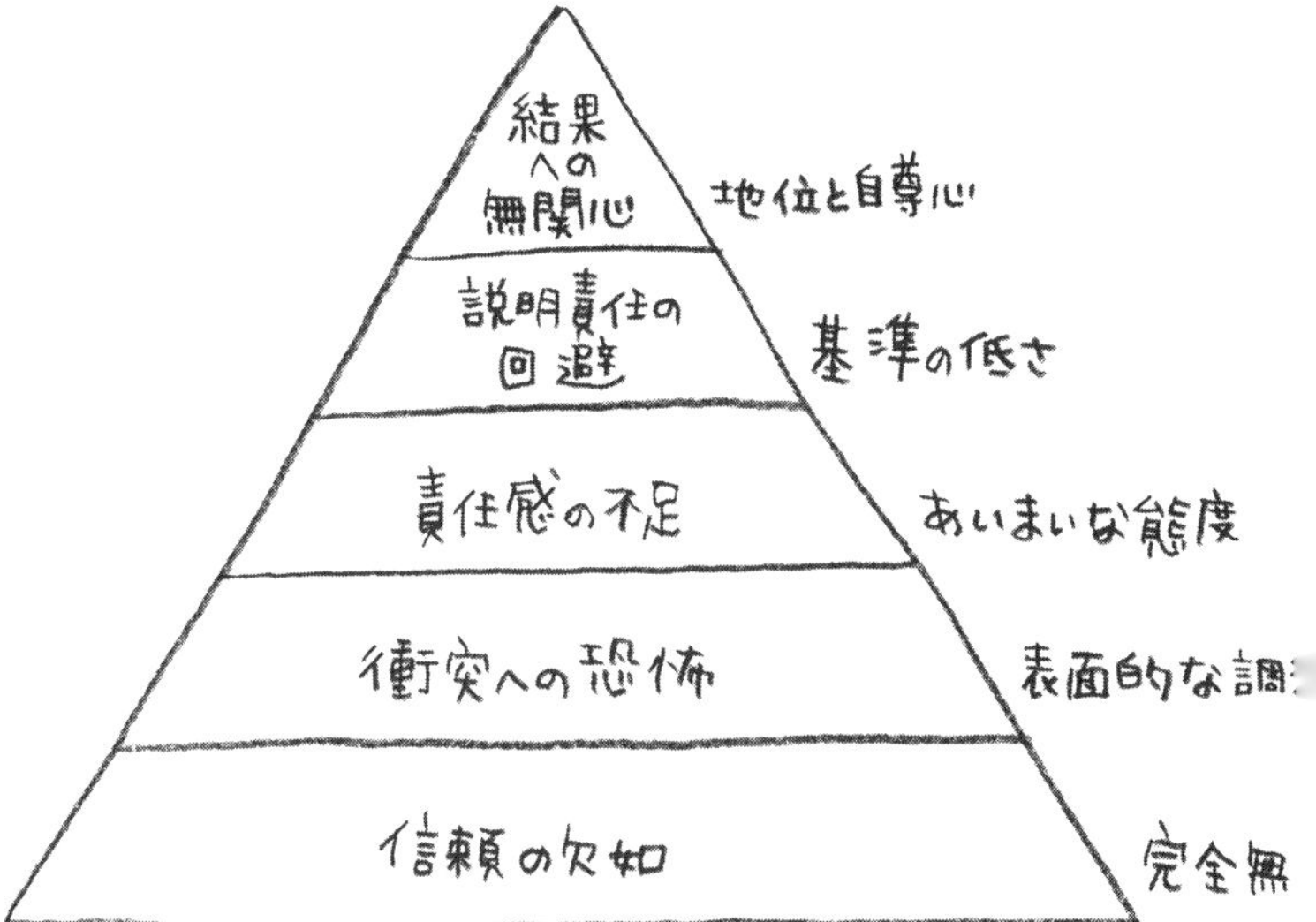

結果への無関心
地位と自尊心
説明責任の回避
基準の低さ
責任感の不足
あいまいな態度
衝突への恐怖
表面的な調
信頼の欠如
完全無

んだってね。他人のことに首を突っ込んでるような気がするんだ」

キャスリンが付け加えた。「たしかに、対等な関係だということもチーム内の説明責任の問題を難しくしている要素の一つね。でも、ほかにもある」

誰もわからないようなので、キャスリンは自分で答えようとした。そのとき、マイキーの表情が謎が解けたというように明るくなった。「支持してないから」

「何だって?」とニックが聞き返した。

「支持してないからよ。みんなが同じ計画を明確に支持していないから、互いに説明責任を求めないの。だって、『そんな約束をしたつもりはない』と言われてしまったら、それまでじゃない」

キャスリンは意外な優等生が現れたことにびっくりした。それだけでは足りないとでもいうように、マイキーは続けた。「これで納得がいくわ」

全員が〈今のを聞いたか?〉と言いたげに顔を見合わせた。

それを合図に、キャスリンはその日最後の休憩を告げた。

フィルム・ノワール

チームの構築や改革を何度手がけても、キャスリンは、一進一退がくりかえされることにどうしても慣れなかった。〈どうして一気に前へ進めないのだろう〉

理屈から言えば、マイキーとマーティンが仲間に加わったように見える今、チームを機能させることはそう難しくないはずだ。しかし、現実は理屈どおりにいかない場合が多いことをキャスリンは知っていた。まだ、先は長い。二年のうちにしみついた政治的な行動パターンを壊すのは容易なことではない。まして、どれほど効果的なものであれ、たった一回の講義で壊せるはずがない。つらい重労働はまだこの先にある。

第一回社外会議も残すところ数時間となり、キャスリンは早めに切り上げて、興奮がさめきらないうちに通常業務へ戻らせたい気もした。しかし、それでは貴重な二時間が無駄になると判断した。取締役会がこの努力を途中で打ち切らせようなどと考えないためには、少しでも早く、なるべく前に進んでおく必要がある。

メンバーが休憩から戻ってくると、遅い時間まで興味を保てるように、衝突に関するおもしろいテーマについて話し合うことにした。

「衝突についてもっと話をしましょう」

微妙なテーマについて話し合うことを考えて、部屋全体の空気がすこし沈んだのがわかった。しかし、キャスリンは実のところ、この討論を楽しみにしていた。

「衝突が起きる場というか状況で、最も重要なものは何ですか?」

少し考えた後、ニックが「会議かな」と答えてみた。

「そうです。会議です。会議中に考えをぶつけ合って実のある衝突ができるようにならなければ、私たちはおしまいです」

ジャンがニヤリとした。

「冗談で言ってるわけじゃありません。成功するために何が必要か、腹を割って熱気あふれる議論ができるかどうかで、私たちの将来も、開発する製品も、提携関係も決まります」

日も傾きかけ、昼食で満たされた後のよどんだ空気が全員に感じられた。キャスリンは自分の言葉が十分に届かないのを見てとり、このことをたたき込むには興味をそそる方向へもっていく必要があると考えた。

「映画より会議の方が好きという人は？」

誰も手をあげなかった。

「どうして？」

少したって、ジェフにはこの質問は文字どおり解釈すればよいのだとわかった。「映画の方がおもしろいからです。できの悪いやつでも」

クスクスと笑いが漏れた。

キャスリンもにっこりと笑った。「そうね。でも、真剣に考えれば、会議も少なくとも映画とおなじぐらいおもしろいはずよ。息子のウィルは映画学科に進んだのだけど、会議と映画にはいろいろと共通する点があることを教えてくれたわ」

メンバーは身を乗り出すというより疑わしげな様子だったが、少なくとも関心をつなぎとめることはできた。「こういうふうに考えてみて。映画はだいたい、一本につき九〇分から二時間ぐらいでしょう。幹部会議とほぼ同じ時間ね」

一同はおとなしくうなずいた。

「けど、映画が一方的なのに対して、会議は双方向よ。スクリーンの俳優に向かって

『家に入っちゃダメだ、ばか!』なんて怒鳴るわけにはいかない」

メンバーの多くが笑った。〈みんな私のことを好きになり始めたのかしら〉。キャスリンはめずらしく一瞬気をゆるめた。

「もっと大事なのは、映画は私たちの人生にたいした影響をおよぼさないことです。物語の結果にもとづいて決まった行動をとる必要もない。けれど、会議は双方向だし、私たちに直接的に関わってくる。自分の意見を言わなくちゃいけないし、議論の結果が人生に重大な影響を与えることもある。なのにどうして会議をいやがるの?」

誰も答えなかったので、キャスリンがうながした。「さあ、どうして会議がきらいなの?」

「退屈だから」。マイキーは必要以上に自分の答えに満足しているようだった。

「そうね。会議は退屈です。その理由を理解するには、映画と比較してみればいいんです」

メンバーはまた興味をもち始めた。

「アクション映画、ドラマ、コメディー、フランスの芸術映画など、見る価値のある映画には必ず、ある大事な要素があります。それは何だと思う?」

マーティンがそっけなく答えた。「衝突の話をしてるんだから、それだろう」

「そう、見え透いてたかしら。いい映画には必ず衝突があります。衝突がなければ、登場人物がどうなろうとどうでもいいのです」

キャスリンは効果をねらって間をおいてから次の言葉を発した。「言っておきますが、これからはどの幹部会議も衝突の連続になります。退屈な会議にはなりません。それと、討論する価値のあることがなければ、会議は開きません」

チームはそれを聞いてうれしそうだった。キャスリンはこの約束をすぐに果たしたかった。「それじゃ、今すぐ始めましょう」と言って腕時計に視線を落とした。「解散まであと二時間。グループとしてはじめての実のある意思決定会議をやろうと思います」

ニックが真顔で反対した。「キャスリン、無理じゃないかと思う」。この思いがけない言葉に、全員が説明を待った。「議事予定を受けとってない」。前ＣＥＯに対する悪意のないひやかしに、ジェフも含め、全員がどっと笑った。

キャスリンは時間を無駄にしなかった。「さあ、それじゃ始めましょう。この会議が終わるまでに、今年いっぱいの最重要目標を決めたいと思います。今日この場ですぐに決められないという理由はないわね。誰か何かない？」

「具体的にどういうことですか？」とジャンがたずねた。「テーマとか、そういうもの？」

「そうね。こういう質問に答えるのだと考えてちょうだい。今から年末までに何かをやるとしたら、何をするべきでしょう」

ニックとJRが声をそろえて「市場シェア」と言った。

マーティンとジャンを除いた全員がうなずいた。キャスリンが二人に声をかけた。

「二人は納得してないみたいね。あなたたちの考えは？」

マーティンが「製品の改良だと思う」と答えた。

ジャンは「私は、コスト抑制が最優先だと思うんですけど」と答えた。

キャスリンはこれらの提案に自分で取り組みたい気持ちを抑えて、「誰か反論は？」と聞いた。

JRが応じた。「うちの技術の質は、上の二社と同じか、それ以上だと思いますね。ただ、むこうの方がうちより客を引きつける力をもっている。市場の獲得で大きく出遅れてしまったら、どんな製品があってもどうにもなりませんよ」

マーティンはわずかに不愉快そうな顔をした。「それじゃ、製品で出遅れたらどうなるか考えてみろよ」

いつも場を丸くおさめようとするカルロスが、「最優先目標は一つじゃなきゃいけないんですか」とたずねた。

キャスリンはうなずいた。「すべてのものが大事だったら、何も大事じゃないのと同じです」。それ以上は説明せず、自分たちでどうにか解決してほしいと思った。

ジャンも粘った。「どうしてコスト抑制が目標じゃいけないの？」

マイキーが即座に答えた。「収入を増やす方法を考えなくちゃ、支出を減らす方法を考えたって無駄でしょ」。その口調は不愉快だったが、内容はたしかに真実だった。ジャンもしかたなく同意した。

キャスリンが短く感想を述べた。「ここへ来て以来、こんなに実りある会話ははじめて聞いたわ。どうぞ続けて」

今の言葉に力を得て、ジェフが発言した。「僕にはわからない。この話を長引かせたくないんだがというように、ためらいがちに言った。「僕にはわからない。この時点で市場シェアを指標にするのが正しいかどうか。まだ市場の規模も、市場がどこへ向かうのかも見当がつかない」。そしていったん口をつぐみ、意を決して続きを話した。「僕たちに必要なのは、もっと質のいい顧客だと思う。他社に比べて顧客が二〇社多いか、二〇社少ないかなんてことは、それほど重要だと思えない」

マイキーが口をはさんだ。「それは市場シェアと同じことよ」

「そうじゃないと思う」。ジェフの口調に自己弁護らしいところはなかった。

マイキーが天を仰いだ。

ニックは、マイキーと昨日と同じ対立をくりかえしたくなかった。「待てよ、市場シェアと呼ぼうが顧客と呼ぼうが、どうでもいいことだろう。とにかく売上げが必要なんだ」

ここでキャスリンが割り込んだ。「私はどうでもよくはないと思う。JR、あなたはどう？」

「ジェフが正しいと思います。今後のベースになるような、十分な数の安定した顧客を獲得できれば上等だ。正直言って、今の時点で競争相手がどうしているかは気にならない。そんなことに気を取られる必要はないと思う。少なくともある程度軌道に乗って、市場がはっきり形成されるまでは」

マーティンは不機嫌な顔をしていた。「おい、これじゃいつもの会議の議論と同じだろう。市場シェアか売上高かとか、顧客維持か顧客満足かとか。俺にはみんな机上の空論に聞こえる」

キャスリンは一同がマーティンの言葉を理解するまで、しばらく黙っているよう努めた。そして「いつもの話はどうやって終わるの?」と聞いた。

マーティンは肩をすくめた。「時間切れだったと思う」

「わかりました。今から五分以内にこの話にケリをつけましょう。みんな今後九カ月で大事なことは、市場シェア、顧客、売上げや何かだと思う? まるっきり見当違いだと思う人がいたら、今すぐ声に出して言ってちょうだい」

一同は顔を見合わせて、〈それ以上のものは考えられない〉というように肩をすくめてみせた。

「よろしい。じゃあ、この話し合いに決着をつけましょう。誰かに答えは売上高だと熱烈に主張してほしいのだけど。ＪＲ、あなたはどう?」

「ええと、現金が必要だから、売上高が正しい答えだという人もいるでしょう。でも、正直言って、現時点ではそんなことより、うちの製品に関心をもっている顧客がいるのだということを世界に示すことの方がずっと重要だと思います。契約をとってきて新規顧客を増やすことに比べたら、売上高はそれほど重要じゃありません」。こうしてＪＲは売上高支持派から降りた。「言ってること、わかりますか?」

「私にはよくわかります」キャスリンはさらに念を押した。「売上高が一番重要な目標だという人は誰もいませんね」

ジャンが疑わしげに言った。「売上高の目標が必要ないって言うの?」

「そうじゃないわ。もちろん、売上高の目標は設定します。当面、売上高は私たちの成功を判断する究極の指標にはならないというだけのこと。さあ、これで候補は市場シェアと新規顧客数に絞られたわ。誰か、市場シェアが正解だという理由を話してくれないかしら。マイキー?」

「アナリストやメディアは、成功してるかどうかを市場シェアで判断する。簡単なことよ」

マーティンが反論した。「ちがうな、マイキー。この会社の創立者としてインタビューを受けると、決まって主要顧客について聞かれるんだ。どんな華々しい企業の名前があがるのか、この会社を保証しようというのはどういう人たちなのかを知りたがる」

マイキーは肩をすくめた。

キャスリンがそれを見とがめた。「今肩をすくめたのは、賛成しないけどあきらめたからなの、それともマーティンの主張の方が説得力があって対抗できないと思ったからなの？」

マイキーは考えた。「後の方です」

「いいわ。残ったのは新規顧客獲得数です。これをチーム全体の最優先目標にするべきだという理由を誰か教えて」

今度は指名する必要はなかった。カルロスが自分から発言したからだ。

「メディアが取り上げるネタができる。社員にとって自信になる。マーティンや技術者が製品に関するフィードバックを得られる。来年さらに顧客を増やすための基準になる」

JRが付け加えた。「それにもちろん、リピート販売が期待できる」

「みなさん」。キャスリンが宣言した。「これから五秒以内に、どうしても考えを変えざるをえないような意見が出なければ、これで第一の目標は決まりです」

メンバーは〈本当に何かを決めることができたのか？〉というように顔を見合わせた。

だが、まだ終わりではなかった。キャスリンは細部を追求した。「何社の新規顧客を獲得する必要がありますか」

話の内容が具体的になったことで、一同は活気づいた。それから三〇分間、可能な範囲で目標とすべき新規顧客の獲得数について話し合った。

主張した数はジャンが最も多く、ニックとマイキーが続いた。JRは不満を示し、最も少ない数を強硬に主張した。営業部門の部下の士気をそがないよう、ノルマを低く抑えておきたかったのだ。ジェフ、カルロス、マーティンが中間だった。

議論が出尽くしたところで、キャスリンが割り込んだ。「さあ、誰も言い残したことがなければ、全員の意見を聞いたと思います。完全に意見が一致することはないでしょうけど、科学じゃありませんから、それはいいとします。みなさんの意見をもとに私が数字を決めますから、その数字を私たちの目標にします」

いったん言葉を切ってから、キャスリンは言った。「ジャン、あなたが売上高を増やしたいのはわかるけど、今年のうちに三〇件を獲得するのは無理でしょう。JR、部下の士気を維持したいと思うのはすばらしいことだけど、一〇件では少なすぎます。競争相手はその倍以上のペースですし、一〇件ではアナリストにたたかれます」

JRには、キャスリンの説明に抵抗する様子はなかった。

「一八社の新規顧客を獲得できて、そのうち一〇社以上が固定客になりそうだったら、よしとします」

キャスリンは、最後に言いたいことがあれば発言できるように間をおいた。誰も何も言わなかったので、「それでは、一二月三一日までに新規顧客を一八社獲得することにします」と宣言した。

この二〇分で、チームのいつもの会議一カ月分より大きな前進があったことを、誰も否定できなかった。それから一時間、全員で新規顧客の問題を掘り下げ、一八件の契約を実現するには、マーケティング、財務、技術などの各担当が何をする必要があるのかを話し合った。

予定終了時刻まであと一五分というところで、キャスリンはまとめに入ることにした。「それじゃ、これで終わります。来週の幹部会議で、今の議題の一部や、ほかの重要な案件について詳しく話し合いましょう」

メンバーはようやく終わったとほっとした。キャスリンは最後の質問をした。「解散する前に、意見、質問、心配なことを言っておきたい人はいますか？」

帰宅を遅らせるような話をもち出したいと考える人はいなかったが、ニックは一つだけ言っておくことにした。「正直言って、この二日間は思っていた以上の進歩があったと思います」

ジャンとカルロスがうなずいて同意した。意外にもマイキーは天を仰がなかった。キャスリンには、ニックが自分に取り入ろうとしているのか、本当にあったことを評価しているのかわからなかった。しかし、よい方に解釈することにして、この控えめな讃辞を心に刻んだ。

次にJRが話した。「ニックに賛成です。ここではいろんな収穫がありましたし、最大の目標がはっきりしたことは、大変役に立つと思います」

キャスリンは、次に逆説の接続詞が続く気がした。それは正しかった。

JRが続きを話した。「ただ、これからもこの社外会議を続ける必要があるでしょうか。ここまでは遠いですし、これから二、三カ月は契約を獲得するための仕事が山ほどありますし。しばらく様子を見てもいいのではないかと……」

最後の方は言葉をにごした。マーティン、マイキー、ニックがおそるおそる首を縦に振った。

キャスリンが数分前に味わった達成感はすっかりしぼんでしまった。JRの提案をぴしゃりとはねつけたかったが、かわりにやってくれる人はいないかと様子を見た。誰も助けてくれそうにないと思ったそのとき、ジェフが口を開き、キャスリンの教えたことをしっかり心に留めていることを示してみせた。

「二週間後の社外会議は中止するべきじゃないと思う。また仕事に戻ったら、この二年間四苦八苦していた状態にあっさりと戻ってしまうかもしれない。僕にとって、この二日間ここにいて、自分がいかにチームワークを生むのが下手だったかを悟るのはつらかった。けど、まだこの先は長いんだ」

ジャンとカルロスがうなずいてみせた。

キャスリンはこのタイミングに乗じて、今後のことをチームに知らせた。まずはJRとニックに向かってこう言った。「できるだけ契約獲得のために時間を使いたいと考えるのは結構なことです」。その言い方にはちくりと刺すところがあったが、いきなり平手打ちをくらわせるようなことは言いたくなかった。「でも、昨日の冒頭に話したことを思い出してほしいの。私たちは競争相手より資金も、技術も、才能と経験が豊かな経営陣もあるのに、遅れをとっている。私たちに足りないのはチームワークです。私がCEOとして何よりも優先しているのは、あなたたち、つまり私たちをもっとすばらしいグループにすることです」

マイキー、マーティン、ニックは理解したようだが、キャスリンは話を続けた。「これから言うのは、昨日から話してきたなかで一番大事なことです」。一拍おき、「これからの二週間、信頼の欠如を示す行動や、個人の自尊心を重視する行動に対しては、きびしく対処します。衝突をうながし、明確な責任感を求め、みんなが互いに説明責任を問うことを期待します。よくない行動を見かけたらとがめます。みなさんも同じようにしてください。無駄にしている時間はありません」

全員が押し黙った。

「さあ、それじゃ二週間後にまたここで集まりましょう。みんな運転に気をつけて、明日会社で会いましょう」

各自が荷物をまとめて出口へ向かう間、キャスリンはこれまでの成果をふりかえって満足感にひたりたかった。しかし、物事はよくなる前に必ず悪化する、それもひどく悪化することがあるという事実を直視するようつとめた。

スタッフの多くも、この先の苦難を予想して真剣な面持ちになっていた。次の社外会議までに仲間の一人がいなくなると知らされたとしても、誰も驚かないだろう。しかし、それがマイキーではないと知ったら、ショックを受けるかもしれない。

第3部

THE **FIVE** DYSFUNCTIONS OF A **TEAM**

苦難の時

社内会議

会社に戻ると、キャスリンでさえ予想しなかったほど、社外会議で見られた進歩はたちまち失われた。

カルロスとマーティンが一緒に部下を集めて顧客満足度に関する会議を開くなど、わずかな希望の光が表に出てきたことで、社員も何が起きているのだろうとささやくようになった。しかし、キャスリンはまだ、チームがお互いに対しても自分に対しても警戒心をといていないことを否定できなかった。

廊下での行動を観察するかぎり、チームはナパでの二日間のことをすっかり忘れているようだ。会話はほとんどなく、お互いと関わり合おうという姿勢はまったくといっていいほど見られなかった。自分をさらけ出してしまったことにとまどい、なかったことにしたがっているようにも見えた。

しかし、こんなことは何度も経験してきた。チームが社外会議で学んだことをまったく生かせずにいることには失望したが、最初はこんな反応があたりまえなのは知っている。この状態をかき回すには、ふたたび手を突っ込んで血を流させるしかないことも知っている。ただ、動脈にぶちあたるとは思っていなかった。

それは社外会議が終わってから数日後、はじめてキャスリンが正規の幹部会議の舵取りをつとめることになっている日だった。

幹部会議の前に、ニックが買収案を検討する特別会議を招集した。チーム内で興味のある人は誰でも出席できるが、キャスリン、マーティン、JR、ジェフは必ず参加してほしいと呼びかけた。ほかにジャンとカルロスも現れた。

会議を始める前に、ニックが「JRは？」とたずねた。

「今朝はオフィスにいないわ」とキャスリンが答えた。「始めましょう」

ニックはちょっと肩をすくめると、分厚いパンフレットを配り始めた。「この会社の名前はグリーン・バナナです」。一同が笑った。

「そう、なんでこんな名前にしたんだろうね。とにかく、ボストンにある会社で、うちの足りないところを補う存在になるか、競合するようになるか。判断は難しい。どちらにしても、買収を検討するべきだと思う。出費としてはつらいが、今なら資金は十分ある」

取締役の一人として、ジェフが最初の質問をした。「われわれが得るものは?」

ニックはすでにこの買収には意味があると考えていたので、即答した。「顧客。従業員。技術」

「顧客はどれぐらい?」とキャスリンがたずねた。

その質問にニックが答える前に、マーティンが次の質問をした。「技術はどの程度なんだ。名前を聞いたこともないが」

またしてもニックの返事は早かった。「顧客の数はうちの約半分です」とメモを見た。「だいたい二〇社だったと思います。それらの顧客は、技術には十分満足しているようです」

マーティンは疑わしげだった。

キャスリンが眉をひそめた。「従業員の数は? みんなボストンにいるの?」

「ええ、従業員は約七五名、七名を除いて全員ボストンです」

ナパの社外会議中は、キャスリンはチームの能力を鍛えるために自分の意見はあまり出さないように気をつけていた。しかし、現実の意思決定となると、遠慮していられるたちではなかった。「待って。私には得策とは思えない、ニック。会社の規模を五〇パーセント拡大して、まったく新しい製品群を加えることになるのよ。今でも対処しなくちゃいけない課題が山ほどあるのに」

反対は覚悟していたニックだが、もどかしさを隠せなかった。「これぐらい大胆なことをしなければ、他社に差をつける機会を逃しますよ。われわれは夢を追うべきです」

今度はマーティンが天を仰いだ。

キャスリンがニックを責めたてた。「まず、この会議にはマイキーも呼ぶべきだったわ。市場での位置づけと戦略について、彼女の意見を聞かないと。それに……」

ニックがさえぎった。「マイキーがいても、この話には役に立ちませんよ。この件は広報や広告とはなんの関係もありません。戦略の問題です」

キャスリンは、その場にいない人間に辛辣な言葉をあびせたことに対して、ニックにつかみかかりたい気持ちになった。ほかの人にもそれは見てとれた。しかし、もうすこし我慢することにした。「私はまだ話し終わってませんよ。それに、買収することになれば、今抱えてる政治的かけひきの問題が悪化するだけでしょう」

ニックは、〈こんな人間につき合わなくちゃいけないなんて〉とでもいうように深いため息をついた。そして、後悔するようなことを言う前に、ジャンが口をはさんだ。

「それと、たしかにうちの資金状況は他社よりいいし、シリコンバレーの九割のハイテク企業よりいいと思う。でも、あるから使うべきだということにはならないわ。確実に成功する見込みがないかぎりはね」

そしてニックは、のちに後悔する言葉を吐いた。「失礼だけど、キャスリン、あなたは会議の進行とチームワークの改善にかけてはすばらしい経営者かもしれない。でも、このビジネスのことは何ひとつ知らない。この手のことについては、ジェフと僕に従っていただきたいですね」

部屋全体が凍りついた。キャスリンは、ニックの攻撃に誰かが反撃してくれるものと思っていた。それはまちがいだった。それどころか、マーティンは不敵にも腕時計に目をやり、「おっと、悪いけど別の会議があるんだ。俺の意見が必要だったら知らせてくれ」と言って立ち去った。

キャスリンは、部下の誰かがチームを傷つけるような破壊行為に及んだときは、非難する覚悟でいたが、その最初の機会が自分をめぐってやってくるとは思ってもみなかった。それだけに難しい状況だったが、やるしかない。問題は、二人だけでやるべきか、グループの目の前でやるべきかである。

「ニック、この話は今すぐここでしたい？　それとも一対一で？」

ニックはしばらくこの質問について慎重に考えた。何が起きようとしているのかはよくわかっていた。「男らしく『言いたいことがあるなら言ってくれ』と答えたいところですが、この件は二人で話した方がいいでしょう」。そう言って笑顔をつくったが、ほんの何分の一秒かの間だった。

キャスリンはほかのメンバーに、ニックと二人にしてほしいと頼んだ。「午後の幹部会議で会いましょう」。全員、いそいそと立ち去った。

ほかに誰もいなくなるとキャスリンが口を開いたが、その様子はリラックスして自信に満ち、ニックが予想していたよりはるかに冷静だった。

「さて、まず、この場にいないチームメイトのことを悪く言わないことね。あなたがマイキーのことをどう思っていようと関係ない。彼女はこのチームの一員なんだから、思うことがあれば本人に直接、それか私に言ってちょうだい。そこはちゃんとして」

身長一九〇センチの大男が、校長室に呼び出された中学生のように見えた。しかし、それも一瞬だった。ふたたび不満がわいてきて、ニックはキャスリンに反撃した。「ここでは僕のやることがないんだ。この会社は今ごろ、もっとずっと速いペースで成長して、山ほどのM&Aに関わっているはずだった。ぶらぶらと見ているだけなんて……」

キャスリンがさえぎった。「じゃあ、これはあなたの問題なの？」

ニックには質問の意味がわからなかった。「なんですって？」

「この買収よ。あなたはやることがほしかったの?」

ニックは前言を撤回しようとした。「ちがう、いい案だと思うからだ。うちにとって重要な戦略になりうる」

キャスリンはじっと黙って聞いていた。そしてニックは、尋問を受けている犯罪者のように腹の内をぶちまけはじめた。「でも、たしかに、僕はここで十分に生かされてない。いずれこの会社を動かせるようになると思ったから、わざわざ家族と一緒にこの国を半分横断してきたのに、このとおり退屈で、なす術もなく、仲間がここを台なしにするのをながめてるんだ」。ニックはしだいにうつむき、罪悪感と、自分の境遇が信じられないといった気持ちから頭を振った。

キャスリンは冷静に今の言葉を取り上げた。「自分もここを台なしにするのに加担していると思う?」

ニックは顔をあげた。「いや。僕が担当するのは、インフラの拡張と吸収合併のはずだ。それを今やってないのは、取締役会が……」

「もっと全体的なことを言ってるの、ニック。あなたはこのチームをよくしているの、それとも機能不全に加担しているの?」

「どう思いますか」

「よくしているとは思えない」。キャスリンは言葉を切った。「あなたにできるはずの仕事はたくさんあるわ。この会社を動かそうと動かすまいとね」

ニックは言い訳しようとした。「あなたの仕事をやりたいという意味じゃないんだ。つい気持ちを吐き出したくなって……」

キャスリンは手をあげて制止した。「心配しないで。時々気持ちをぶちまけるのは悪いことじゃないわ。ただ、これは言っておくけど、あなたが進んで人のために何かをしてるとは思わない。しているとすれば、チームをめちゃめちゃにすることだけ」

ニックにはキャスリンの言うことを認める気はなかった。「じゃあ、僕は何をすればいいっていうんですか？」

「どうして思っていることをみんなに言おうとしないの。今私に言ったようなことを言いなさい。自分が生かされてない気がするって、わざわざ家族と一緒に……」

「そんなのは、グリーン・バナナを買収するかどうかとは関係ないことだ」

このおかしな名前が出たとき、二人とも一瞬ニヤリとした。

「つまりその、どうしてこういうことをする必要があるのか、みんなが理解できないなら、たぶん……」。ニックは言葉をつまらせた。

キャスリンが続きを言った。「たぶん何？　たぶんあなたは辞めるべきだと思うの？」

ニックはかっとなった。「それが望みなんですか？ そうしてほしいなら、そうしたっていい」

キャスリンはじっと座ったまま、ニックが落ち着くのを待った。それからこう言った。

「私が望むかどうかじゃないわ。あなたの問題よ。どちらが重要か、あなたが決める必要がある。チームの成功のために役に立つか、自分のキャリアを追求するか」

自分でも少し辛辣な言い方だとは思ったが、自分のしていることはわかっていた。

「どうしてそのどちらかじゃなくちゃいけないのか、わかりませんね」

「どちらかじゃなくちゃいけないわけじゃないわ。一方をもう一方より優先する必要があるというだけ」

ニックは壁を見つめ首を横に振り、言いたくないことを言わされたことに対して怒るべきか感謝するべきか決めかねていた。「勝手にしてください」。ニックは立ち上がって部屋を出て行った。

火事場

二時には全員が会議室の席に着いて、幹部会議が始まるのを待っていた。ニックとJRだけがいなかった。キャスリンは時計を確認し、始めることにした。「さあ、今日はまず各自の状況を簡単に確認してから、目標の一八件の契約を獲得するための準備作業に時間をかけましょう」

ジェフがニックとJRはどこにいるのかと聞こうとしたとき、ニックが入ってきた。「遅れてすみません」。空いている席は二つあった。キャスリンの隣と向かいである。ニックはCEOから遠い方の席を選んだ。

さっきのことがあったので、キャスリンはニックの遅刻をとがめようとは思わなかった。ほかのメンバーにもそれがわかった。キャスリンはそのまま会議を始めた。「最初に話しておくことが……」

ニックがさえぎった。「言いたいことがあるんだ」

ニックがたまに不作法な態度をとることは誰でも知っていた。しかし、キャスリンの最初の幹部会議に遅刻してきたうえに、こんなふうに割り込むことは、あまりにも不敵な行動に思えた。だが妙なことに、キャスリンは顔色を変えなかった。

ニックが話し出した。「胸につかえてることを言ってしまいたいんだ」

誰も微動だにしなかった。しかし、内心ではさまざまな憶測が渦巻いていた。

「まず、今朝のミーティングのことだ。僕のやり方がまずかった。マイキーにも来てもらうべきだった。それと、マイキーのことをあんなふうに言ったのは悪かった」

マイキーはびっくりして、次に腹を立てたが、何も言わなかった。

ニックはマイキーに向かって話しかけた。「怒らないでくれ、マイキー。後で話すから。そんな大げさなことじゃないんだ」

マイキーは意外にも、ニックの堂々とした率直な態度を見て落ち着いたようだった。

「それから、グリーン・バナナの件は本当に検討するべきだと思うけど、それより僕がこの買収にこだわったのは、自分の仕事がほしいからなんだ。ここへ来たのは自分のキャリアにとってまちがいだったと思い始めていて、どこか自分の拠り所がほしかった。このままじゃ、履歴書にこの一八カ月何をしてたって書けばいいのかわからない」

ジャンは、この部屋でただ一人落ち着いているキャスリンの方を見た。

ニックは話を続けた。「でも、もう現実を直視して、腹をくくるべきなんだ」。そしていったん口をつぐんだ。「僕は変わる必要がある。このチームに、そしてこの会社に貢献する方法を見つける必要がある。そして、みんなに助けてもらう必要がある。それがだめなら、僕は辞めるべきだと思う。でも、まだ今は辞めるときじゃない」

キャスリンは、ニックはきっとわかってくれると思っていたと言いたかったが、後で夫に、正直言ってニックは辞めると思っていたと打ち明けた。自分はまちがっていたが、ニックが残ると知って急にうれしさが込み上げてきた。自分でも理由はよくわからなかった。

一同は、ニックにもこのチームにも似つかわしくない言葉にどう反応していいかわからず、黙っていた。キャスリンはニックが率直に話してくれたことを讃えたかったが、しばし時の流れに任せることにした。チームがことの重大さを十分に理解し、何も加えるべき言葉がないことを確認すると、キャスリンは沈黙をやぶった。「話しておくことがあります」

マーティンは、みんなで喜び合ったり、何か感動的なシーンを演出するようなことをキャスリンが言い出すのだと思った。だが、そうではなかった。「昨晩、ＪＲが辞めました」

ニックの話が終わったときが静かだったとしたら、今や部屋全体が息絶えていた。しかし、それも長い長い数秒間が過ぎるまでのことだ。

「なんだって」。最初に反応したのはマーティンだった。「どうして」

「完全にはわかりません。少なくとも、私が聞いたとおりの理由ではないでしょう。アドソフトに戻って、地区担当副社長に復帰するようです」。キャスリンは次の言葉を言うかどうか迷ったが、黙っているのはよくないと判断した。「それと、社外会議でみんなの個人的な問題をどうこうするのに、これ以上無駄な時間を使いたくないと言ってました」

また重苦しい時が流れた。キャスリンは黙っていた。

最初にマイキーが口を開いた。「ねえ、ほかにこんなチームづくりや何かが必要ないと思う人は？ 状況はよくなってるか、悪くなってるか、どっちだと思う？」

カルロスでさえ、眉をあげてマイキーの言ったことを考えている様子だった。その場の空気の流れが見えてきた。それはキャスリンから離れつつあった。

キャスリンにとって、ディシジョンテックで過ごした短い期間の中で最も長い三秒間が過ぎ、マーティンが答えた。「俺がこういうチームや何かのことがきらいなのは、みんなわかってるだろう。黒板につめを立ててるみたいで、ぞっとするんだ」

聞きたくない言葉だった。

マーティンは続けた。「だが、そんな大うそは聞いたことないな。JRはただ、どうやって製品を売っていいかわからなくて逃げ出したんだろう」

ジェフも賛成した。「二、三カ月前に空港で一緒にビールを飲んだときも、まだ市場もないところでモノを売ったことはないと言っていた。それに、しっかりしたブランド名がほしいって。それから、人生で失敗したことはないから、ここで失敗するわけにはいかないとも」

ジャンが加わった。「それに、売上げのことを聞くといやがったわ。責められているように感じたのね」

マイキーが割って入った。「どっちにしても、売上げのほとんどはマーティンとジェフがとってきた契約よ。あの人にほんとにノウハウがあったとは……」

キャスリンがやめさせようとしたとき、ニックが発言した。「かげで一番JRのことを批判していた僕がこんなことを言うのもなんだけど、もうやめにしないか。彼はもういないんだ。これからのことを考えなくちゃ」

カルロスが申し出た。「後任が見つかるまで、僕が営業を引き受けるよ」

ジャンは、カルロスのことは信頼していたので、チームの前でも率直にものが言えた。「申し出はありがたいけど、ここにはもっと時間をもて余していて、もっと営業の経験がある人が二人いると思う」。ジャンはジェフとその隣のニックを見た。「あなたたち二人のどちらかが」

ジェフは即座に答えた。「誤解しないでくれ。やれと言われれば何でもやるよ。でも、僕は営業組織を運営したことも、営業のノルマを受けもったこともないよ。投資家や顧客に売り込むのは好きだけど、相手のことをよく知ってる人が手伝ってくれればの話だ」

マイキーが意見を述べた。「ニック、あなた前の会社で営業部門を管理してたのよね。それに、販売チームのリーダーだったこともある」

ニックはうなずいた。

マーティンが、「でも、やつは面接のとき言ってたぞ」と口をはさんだ。マーティンは時々、目の前にいる人を三人称で呼ぶ。悪意があるわけではなく、個人的な感情を排除しやすいからにすぎない。「自分は営業畑の人間というレッテルから逃れたいって。本部の中心的なリーダー業務につきたいって」

ニックはもう一度うなずき、マーティンが自分の言ったことを覚えていたことをひそかに感心した。「たしかに。販売営業の枠に押し込められている気がしたんだ」

少しの間、沈黙が流れた。「でも、正直言うと営業は得意だし好きだ」

キャスリンはニックを推薦したい気持ちを抑えた。ジェフは抑えなかった。「きみは今でも営業部門といい関係ができてるじゃないか。それに本当は、もっと契約をとってこれないのが不満だったんだろ」

カルロスが冗談めかした。「さあ、ニック。きみがやらないんなら、みんな僕の申し出を受けちまうぞ」

キャスリンはニックに向かって、〈そのとおりよ〉というように肩をすくめてみせた。

「となれば、断ったら僕の怠慢だな」

全員が笑ったそのとき、突然、火災報知器が鳴り出した。

ジャンがぴしゃりとひたいを打った。「大変、忘れてた。今日は避難訓練があるんだった。ハーフムーンベイ消防署から年に二回訓練をやるよう言われてたの」

一同はのそのそと荷物をまとめた。

最後にマーティンがみんなを笑わせた。「ありがたい。いつみんなが抱き合ったりし始めるかひやひやしてたところだ」

リーク

数日後、キャスリンのノートパソコンの調子が悪くなったので、誰か修理できないかとＩＴ部門に連絡した。ＩＴ部門といってもスタッフは四人だけで、ジャンの部下のブレンダンという男がリーダーである。グループの規模からいって、ブレンダンが自分で依頼に応じることもめずらしくない。ましてそれが経営陣からの、それもＣＥＯからの依頼であれば。

ブレンダンはすぐに到着し、手際よく原因を調べた。コンピューターをもち帰ってなおす必要があると告げると、キャスリンは、それはかまわないが週末までには戻してほしいと答えた。

「ああ、了解です。また社外会議があるんでしたね」

ブレンダンが社外会議のことを知っていたのは、驚くべきことではなかった。むしろ、幹部たちが会社の外で何をしているのかを社員が知っていることはうれしかった。ところが、その次の言葉を聞いて心配になった。

「ハエになって会議室の壁に張りついてみたいですね」

キャスリンはこの言葉を黙って受け流すことができなかった。「あら、どうして？」

技術的な能力はあるのに人づき合いに関して鈍感なブレンダンは、ためらいもせずに答えた。「そりゃあ、マイキーが自分の態度をどう弁明するのか、みんなお金を払ってでも見たいと思いますよ」

社内のほかの人間がマイキーの態度の問題に気づいていたことは、まったくうれしくないといえばうそになるが、ブレンダンの言葉を聞いて何よりも感じたのは失望だった。社内でほかに何人が社外会議で起きたことをくわしく知っているのだろう。

「私たちはそういうことをしに行ってるわけじゃないのよ」

この件に関してブレンダンに責任がないことはわかっていたので、話題を変えた。「とにかく、コンピューターのことはよろしくね」

ブレンダンが立ち去った後、キャスリンは、ジャンやほかのメンバーとこの件についてどのように話し合おうかと考えた。

第二回社外会議

翌週、例の「火災報知器会議」から何日もたたないうちに、次のナパバレーの会議が始まった。

キャスリンは開会にあたっていつものスピーチをした。「私たちには競争相手より資金も、技術も、才能や経験が豊かな経営陣もあるのに、遅れをとっています。ここに集まったのは、もっと有力なチームとして仕事を始めるためだということを思い出してください」

それからキャスリンは難しい問題をもち出したが、なるべく威圧感を与えない口調で話すようにつとめた。「みんなに簡単な質問があります。このなかで最初の社外会議のことを部下に話した人がいるとしたら、どんなことを言いましたか？」

努力はしたが、尋問のような空気をまったくかもしださないことは難しかった。「誰かを責めようというんじゃありません。チームとしての行動をはっきりさせておきたいんです」

最初にジェフが答えた。「僕は部下には何も話してません。一言も」

みんな笑った。ジェフにはもう直属の部下が一人もいないからだ。

次にマイキーが答えた。「いろいろと感情表現の練習をやったって話しただけです」。本人は冗談めかしたつもりだが、マイキーがだいたい本当のことを言っているのは誰にでもわかった。誰も笑わなかった。

急にマーティンが自己弁護を始めた。「俺たちが何かまずいことをしたのなら言ってくれないか？　正直に言うけど、技術者たちとはかなり率直な話をした。みんな俺たちが時間を無駄にしてたのかどうか知りたがってたし、それに説明を聞く権利はあるだろう。それが何か秘密をもらしたことになるのなら、申し訳ないが……」

マーティンらしからぬ長広舌に、みんなすこし驚いた。いつもの台詞より長くて感情がこもっていた。

キャスリンは吹き出しそうになった。「ちょっと待って。誰にも怒ってなんかいないわ。それに、それぞれのチームに社外会議のことを話しちゃいけないなんて言うつもりもない。むしろ話す必要があるってこと、前回きちんと言っておくべきだったわね」

マーティンは安心したが、すこしばつが悪そうだった。

ジャンが口を開いた。「たぶん、自分のチームに一番たくさんしゃべったのは私だと思う。その一人が何か話したんじゃありませんか?」

キャスリンはジャンにつかまえられたような気がした。「ええ、実は、この質問をするきっかけになったのは、あなたの部下の一人です」

マイキーには、ジャンが名指しされたことが楽しそうだった。

「でも、あなたがどうとか、特定の個人がどうという話ではありません。私は秘密と忠誠のあり方について理解しようとしているの」

「忠誠って、どういうことです」とニックがたずねた。

「つまり、みんなにとって一番大事なチームはどこだと思うかってこと」

予想したとおり、一同が混乱した表情を浮かべたので、キャスリンは説明した。「秘密情報を守れという話じゃないの。少なくとも、それは肝心な話じゃない。それだけの話じゃないの」

キャスリンは自分にきちんと考えを伝える能力がないことにいらだってきた。そこで単刀直入に言った。「要するに聞きたいのは、このチームと、自分が指揮しているチーム、自分の部署と、どっちが大事だと思っているかってことなの」

急に全員が理解した。そして、それぞれの頭の中にある本当の答えを言いたくない様子だった。

ジャンが「つまり、ここだけの話にしておくべきことを、部下たちに打ち明けてるんじゃないかってことですね」とたずねた。

キャスリンはうなずいた。

マイキーが最初に答えた。「私はこのグループよりずっとスタッフに近いわ。悪いけど、本当よ」

ニックがうなずいた。「僕もそうだ。引き継いだばかりの営業グループは別だけど」。それから少し考えて言った。「でも、あと数週間もたてば、営業グループともこのチームより親しくなるだろうな」

ニックは冗談を言ったつもりで、周りには薄っぺらな笑いが起きたが、そこに込められた悲しい真実が部屋の空気を消沈させた。

ジャンが言った。「全員、このチームより自分のチームの方が大事だと言うと思います」。さらに、ちょっと口ごもってから「でも、私が一番そうだと思います」と言った。

この一言に、全員の視線が集まった。

「どういうことか説明してくれる?」とキャスリンがやさしくたずねた。

「ええ、みんな知ってると思いますけど、私は部下との結びつきが強いんです。直属の部下八人のうち、五人はほかの会社でも私の下で働いてくれましたし、私は親みたいなものなんです」

「ボーイスカウトの隊長だ」とカルロスがひやかした。

笑いが起きた。

ジャンはにっこり笑ってうなずいた。「そうね、そんな感じ。やたらと感情的になったり、とかじゃないのよ。ただ、私が彼らのためには何でもする気があるってこと、みんなもわかってるはず」

キャスリンはじっくり考えるようにうなずいた。「う〜ん……」

マーティンがジャンをかばった。「それは悪いことじゃない。技術者たちだって、俺がじゃまが入らないように守ってるのを知ってる。だから必死になって働いてくれるんだ」

「それに、きびしい時期にも辞めない。みんなとても忠実よ」とジャンも言った。

キャスリンは黙って聞いていたが、ニックはキャスリンが反論しようとしていることに気づいた。「これが問題だっていうんですか。僕たちがいい管理者になることを期待してるんじゃないんですか?」

「もちろんしてるわ」とキャスリンは認めた。「あなたたちがスタッフを大事に思ってることが聞けてうれしいわ。それに、ここへ来た頃に面談で聞いた話のとおりね」

一同は、〈それじゃ、何がいけないんです〉というようにじっと見つめた。

キャスリンは続けた。「でも、会社にいい管理者が集まっていても、チームとして行動しなければ、管理者にとっても会社にとってもジレンマが生じるの。自分にとって第一のチームはどこかということがわからなくなる」

ジェフが説明を求めた。「第一のチーム？」

「そう、あなたたちの第一のチーム。これはみんな、最後の機能不全に関係があることなの。個人の問題よりチームの結果を優先させること。あなたたちの第一のチームはこのチームなのよ」。キャスリンは幹部スタッフのことを言っているのだと明確にするために、ぐるりと一同を見まわした。

「自分の部下を大切に思う、それは部下にとってもすばらしいことだわ。だけど、そのためにも今日ここにいる人たちへの忠誠心と責任感を犠牲にしてはならないということ」

チームはその言葉を飲み込み、それが意味する難しさを理解した。

まずジャンが言った。「それは難しいわ、キャスリン。つまり、ここに座って今の話に同意して、これが私の第一のチームですっていい加減な約束をするのは簡単よ。でも、自分の部署で懸命に築いてきたものをどうやったら棄てられるのか、わからない」

カルロスは中庸策を探そうとした。「棄てることはないと思うよ」と言って、キャスリンの方を見て確認を求めた。

キャスリンは、気は進まないが譲れない一線があるとでも言いたげに、細目でカルロスをちらりと見た。「そう、壊す必要はありません。でも、二の次にしようという意思は必要です。それはみんなにとって、棄てるのに近いことでしょうね」

一同はがっかりして、別の提案を考え始めた。

ジェフが場を明るくしようとした。「僕がどんなに悲惨だったか、考えてみてくれよ。みんなが僕の第一のチームだった。ほかに行くところも、文句を言う相手もなかったんだぜ」。マイキーまでもが笑った。ジェフは冗談で言っていたが、その言葉の裏には真実があった。メンバーはジェフに申し訳なく思った。

キャスリンは大事な点を強調しておくべきだと思った。「ほかにどんな言い方をすればいいのかわからないけど、チームをつくるのは大変なことなの」

誰も何も言わなかった。その表情にはためらいがあった。だが、キャスリンはそれにひるまなかった。チームをつくることが重要かどうかを疑っているのではなく、自分にできるかどうかを疑っているのだとわかったからだ。そのような疑いはもつべきだと、彼女はいつも考えていた。

開墾

キャスリンは話を進めた。「この問題はこの場で解決できることじゃありません。これはプロセスですから、いつまでも立ち止まって思い悩むことはありません。チームをつくる計画に従っていけば、ここを第一のチームにすることも、そんなに大変じゃなくなってくるかもしれないわ」

メンバーもためらいをふり払おうとしているように見えたので、キャスリンは簡単な質問から話を進めることにした。「現状についてどう考えてる?」

まずジェフが答えた。「前回の社外会議以降に起きたことは受け入れるしかないと思います。JRが辞めると聞いたとき、すでにかわりとしてニックのような人物が用意されてたら、最初から仕組んだことだとあなたを非難してたと思う」

ニックも同意した。「そう、この仕事をやることになるとは思ってもみなかった。しかも、それがこんなに楽しいとはね。でも、見通しはまずまずじゃないかな。もっとも、目標の数字をあげるには、先はまだ長いけど」

キャスリンは話を本筋に戻した。「でも、チームとしてはどう？」

ジャンが答えた。「大丈夫だと思います。正しい方向へ向かっているようだし、生産的な衝突もあるし」

どっと笑いが起こった。

「さあ、どうかな。僕は疑問をもち始めてる」。プロセスのこの段階でこのような発言が出ることは、驚くべきことではない。ただし、それがカルロスの発言でなければ。

「どうしてそう思うの」とキャスリンが聞いた。

カルロスは眉をひそめた。「わかりません。僕たちはまだ、いつも大事な問題を話し合ってるわけじゃない気がします。それでいらだってきてるんだと思います」

「大事な問題って、どういうこと？」ジャンが疑問を声に出した。

「ええと、ここでもめごとは起こしたくないんだけど……」

キャスリンが口をはさんだ。「私は起こしてほしいわ」

カルロスは少し笑った。「そう、考えてるんですけど、今後のために会社の資源配分はこれでいいんだろうかと」

マーティンは、カルロスの発言は自分を標的にしたものだという気がした。その勘は正しかった。「資源っていうのはどういう意味だ」

カルロスは口ごもった。「さあ、よくわからないけど、うちの技術部門はかなりの規模だろ。全体の三分の一ぐらい。でも、たぶん、営業、マーケティング、コンサルティングにもう少し資源を使っていいと思う」

マーティンは、この手の発言に対して感情的に攻撃することはない。むしろ辛辣な皮肉をあびせることを選ぶ。マーティンがカルロスの発言にたくみに反論しようとしたとき、マイキーが割って入った。「カルロスの言うことに賛成。はっきり言って、技術者の半分は何をしてるのかわからないの。それに、マーケティングと広告の向上のためにコストを使えるなんて、考えただけでよだれが出るわ」

マーティンは〈またか〉というように聞こえよがしにため息をついた。その不快の表現に気づかない者はいなかった。

その先はキャスリンが仕切った。「いいわ、それじゃこの問題を解決しましょう。言っておくけど、何も問題はないというふりはしないこと。株主のためにも、社員のためにも、私たちには資金の正しい使い道を考える責任があるの。これは宗教戦争じゃありません。

戦略の問題です」

緊張を少しだけやわらげてから、キャスリンは火種をまいた。マーティンに向かって、「あなたは技術投資に疑問を投げかける人たちにうんざりしてるみたいね」と言った。

マーティンは落ち着いていたが、言葉は痛烈だった。「そういうことだ。みんなわかってないようだが、俺たちが投資する対象は単なる技術じゃない。テクノロジーだ。うちは製品で売ってる企業だ。俺は技術者をゴルフ旅行に連れてくのに金を使ってるわけじゃない」

「ちょっと待て、マーティン」とニックが声をあげた。「技術者はふつうゴルフはしないぞ」。ユーモアで場を盛り上げた後、新しい営業責任者は話を続けた。「きみ個人に責任があると言ってるんじゃないんだ。ただ、きみの見方はちょっと偏ってるんじゃないか？」

マーティンは折れる気はなかった。「偏ってる？ おい、俺はここにいる誰よりも多く売り込みに行ってるんだ。そしてアナリストに対しては……」

今度はジャンが割り込んだ。「待って、マーティン。あなたが会社のために努力してることは誰も疑ってないわ。ただ、あなたはほかのこと以上に技術の知識があるから、製品に投資したがるんじゃないかってことよ」。最後にジャンは核心をついた。「どうしてあなたは、誰かが技術のことを話すとそんなに身構えるのよ」

ジャンはマーティンにバケツいっぱいの冷水を浴びせかけ、それはほかのメンバーにもはねかかった。

マイキーがたたみかけたが、いつもより穏やかな口調だった。「そのとおりよ。まるで、自分の知性が疑われたみたいに反応するの」

マーティンは少し落ち着いたが、しつこく粘った。「それはそっちの話じゃないか。製品の開発と保守にかかる資金を、俺が過剰に見積もっているようなことを言うんだからな」

ジャンはマイキーよりうまく説明した。「そうじゃないの、もっと全体的な話なのよ、マーティン。市場で勝つためには、どの程度の製品が必要なのかを問題にしてるの。将来の技術のために、どの程度の努力をつぎ込む必要があるかを問題にしてるの。だって、そのためには、うちの現在の技術を市場に受け入れてもらうための出費が必要だもの」

キャスリンは司会役から踏み出してジャンの意見に付け加えた。「それは自分一人で判断できることじゃないわ。ここにいる誰もが、ほかの全員の意見を聞き、みんなの見方をとりいれずに正しい答えが出せるほど頭がよくもないし、そこまで幅広い知識があるわけじゃない」

ところが、説明がもっともであればあるほど、マーティンはおさまらなくなった。マイキーの根拠のない暴言は簡単にかわせるが、ジャンやキャスリンの正論にはどんどん追い込まれていくようだった。

「この製品を開発するためにこれだけ時間を費やしてきたのに、この会社は技術がひどくて息絶えたなんていう無残な墓碑銘を見るのはお断りだ」。その態度は第五の機能不全そのものだと誰かが指摘する前に、マーティンが先回りした。「たしかに、会社の成功に手を貸すより、個人への非難を避けようとしてるように聞こえるかもしれないが、でも……」。自分の行動に対するうまい言い訳は見つからなかった。

ジャンはその先は追究しなかった。「どうして私は財務のことにうるさいと思う?」。それは質問というより言葉のあやにすぎないので、ジャンは自分で答えた。「ウォールストリート・ジャーナルに、うちはコスト管理をしていなかったから会社をたたむはめになったなんて書かれるのはお断りだからよ。カルロスだって顧客サポートの問題で評判を落とすのはごめんだし、マイキーだってブランドがつくれなかったという理由で失敗したくはない」

これだけ公平に責任を分配しても、マイキーは自分の分は引き受けたくなさそうだった。〈私はそんな心配してないわよ〉と言いたげにジャンを見やった。

ジャンはそれは無視してほかの全員に向かって言った。「私たちみんな、タイタニック号で救命ボートを奪い合ってるみたい」

「それほど絶望的じゃないさ」とニックが反論した。

キャスリンがジャンの比喩を言い換えた。「じゃあ、みんないざという時のために、なるべく救命ボートの近くに立とうとしてるのね」

ニックが〈そうだな、それならいい〉というようにうなずいた。キャスリンは話を元に戻し、最初の質問をマーティンに向けた。「それで、私たちは今どうなの？」

マーティンは深いため息をつき、今言われたことには全部反対だと言いたげに頭を振り、最後に驚かせた。「わかったよ、この問題を考えよう」

マーティンはホワイトボードのところへ行き、技術部門の組織図を描いて、各人員がどんな仕事をしているか、どのように協力しているかを説明した。同僚たちは、技術部門の仕事について自分たちが何も知らなかったこと、それらがうまくかみ合っていることを知って心から驚いた。

マーティンの説明が終わった後、キャスリンは二時間を割り当て、技術部門に割り当てる資金を増やすことと減らすことの長短、ほかの分野での資金の使い方についてグループで話し合った。途中で激しいやりとりが交わされたり、誰かが考えを変えたり、最初の意見から多少譲歩したりして、結局、正しい答えははっきりしないという結論に達した。

何よりも重要なことは、キャスリンを含めたメンバー全員が、一度はマーカーを取り上げてホワイトボードのところへ行き、自分の主張を説明したことである。あくびをする者がいたとしたら、それは退屈だからではなく、疲れたからだ。

ついにジェフが解決策を提案した。将来の製品ラインを一つだけ完全に削り、もう一つは六カ月以上先に延ばすというものだった。次にニックが、それらのプロジェクトの担当者を配置転換し、営業担当者の製品デモを支援できるように訓練することを提案した。

数分後に意見がまとまり、改革を実行するための果敢なスケジュールを計画した。そして、目の前のホワイトボードに書かれた案が、複雑だが実行可能なものであることに目を見はった。

ここでキャスリンが昼休みにしようと言い、「戻ってきたら、人間関係の不安への対処と、互いの説明責任の追求について話し合いましょう」と告げた。

「待ちきれないな」。マーティンのおどけた発言は、プロセスを非難するためのものではなかったし、誰もそうはとらなかった。

説明責任

昼食の後、キャスリンは午前中の勢いを維持しようと決めていた。それには、演習問題より現実の問題をとりあげた方がいいと考えた。

そこで、ニックが主導権をとって、一八件の新規契約という目標の進捗状況を検討するように指示した。ニックはホワイトボードのところへ行って、前回の社外会議で重点目標に決めた四つの要素、「製品デモ」「競争分析」「営業研修」「製品パンフレット」を書き出した。ニックはこのリストの順に進めた。

「マーティン、製品デモのプロジェクトはどうだい」

「スケジュールより進んでる。思ったより多少簡単だったから、一、二週間早く完成しそうだ。カルロスがずいぶん手を貸してくれてる」

ニックは時間を無駄にしたくなかった。「それはよかった。競争分析は？　カルロス」

カルロスは目の前にある書類の山を調べた。「最新のレポートをもってきたんだが、見つからないな」。そのうち探すのをあきらめた。「とにかく、実はまだ始めてないんだ。まだ会議が開けないいんだ」

「どうして」。ニックはキャスリンが期待したより辛抱強かった。

「ええと、はっきり言うと、きみのところのスタッフが何人かつかまらなかったんだ。それに、マーティンのデモを手伝ってて忙しかったし」

沈黙。

ニックは前向きに対応しようと決めた。「わかった、僕のところの誰がつかまらなかったんだ」

カルロスは名指ししたくはなかった。「文句を言ってるわけじゃないんだ。ただ……」

ニックがさえぎった。「かまわないよ、カルロス。誰をよこせばいいのか言ってくれ」

「そうだな、ジャックは必要だと思う。それとケン。あと、わからないけど……」

今度はキャスリンがさえぎった。「誰か何か問題に気づいた？」

先にニックが答えた。「ええ、僕がちゃんと部下に優先順位を伝えておいて、きちんと手伝うように言うべきでした」

キャスリンは、それはたしかだと認めたが、求めていたのは別の答えだった。「でも、カルロスはどうなの？ 今日より前に、あなたのところへ行って問題を解決しておくべきじゃなかったの？ カルロスが競争分析を始めてもいないと言ったとき、誰一人責めなかったわね」

ふたたび気まずい沈黙が流れた。

カルロスは上司の質問に過剰反応を示すような人間ではない。しばらく客観的になって考えてみた。

マーティンが口をはさんだ。「いつも協力してくれる人を責めるのはつらい」

キャスリンはうなずいてきびしい口調で言った。「そうです。でも、それは言い訳にならないわ。カルロスはこの会社の副社長であり、みんなで決めたことに従って優先順位を決め、組織の中で自分の要請に応じない人間にははっきりものを言う必要があります」

カルロスが責めたてられているように思い始めたのを察して、キャスリンは直接話しかけた。「カルロス、あなたは責めにくい人だから、例として使わせてもらってるの。でも、これは誰にでもあてはまることよ。いつも手伝ってくれるから責任を追求しにくい人もいる。すぐに身構える人もいるし、相手を威嚇する人もいる。説明責任を追求するのは簡単なことじゃない。たとえ自分の子供でもね」

数人のメンバーがそのことを認めて何度かうなずいた。「みんな、お互いが何をしているか、何に時間を使っているか、十分に前進しているか、しっかり追求してほしいの」

マイキーが反論した。「でも、それじゃ信頼してないみたい」

キャスリンは首を横に振った。「ほかの人も自分と同じようにわかってるはずだから、追求する必要はないだろうと思うことと、信頼とはちがうわ。信頼というのは、チームのメンバーに責められたとき、相手はチームのことを真剣に考えているから責めてるんだと理解できることよ」

ニックが補足した。「でも、相手を怒らせないように責めなくちゃならない」

この言葉は問いかけに近かったので、キャスリンは答えた。「もちろん。相手を尊重して、相手がおそらく正しいことをしているのだという前提のもとに責めること。でも、とにかく追求することが大事なの。絶対に遠慮してはだめ」

チームが今の言葉をじっくりとかみしめていたので、キャスリンはそれが浸透するまで待った。そして、ニックに続けるよう指示した。

ニックは喜んで従った。「さあ、それじゃ三つめの営業研修プログラムにいきます。担当は僕ですが、順調に進んでます。営業担当者向けに二日間の研修セッションを予定していますが、みなさんにも出席してもらおうと思ってます」

マイキーが不審そうな顔をした。「どうして？」

「僕たち全員が自分を営業担当者と考えるべきだからです。特に、例の一八件の新規契約が本当に僕たちの最優先目標なら」

キャスリンに迷いはなかった。「本当よ」

「それなら、僕たち全員が参加して、営業担当者を助けるノウハウを身につけるべきです」。ニックは研修の日程を伝え、一同はそれを予定表に書き込んだ。

マイキーはまだ不満そうだった。

「マイキー、何か問題でも？」とニックがたずねた。

「いいえ、べつに。進めてちょうだい」

ニックは納得しなかった。いらだちを抑えて追求した。「だめだ、営業研修を受けなくてもいいと思う理由があるなら、虚心に聞くよ」。いったん言葉を切り、マイキーが答えるかどうか待ったが、答えないので続けた。「正直言って、これ以上大事なものはないと思ってる」

ついにマイキーが皮肉たっぷりに答えた。「それじゃ、来週の商品マーケティングの会議にもみなさんに出席していただきたいわ」

ニックはまたしても自分を抑えた。「本当に？　きみが全員出席するべきだというなら、ちゃんとした理由があれば出席するよ」

マイキーはその申し出について考えもしなかった。「忘れて。営業研修には参加するわ。商品マーケティング会議には誰もいらない、マーティンだけお願い」

この瞬間、キャスリンは、マイキーには辞めてもらうしかないと確信した。ところが、それからの五分間で、その決意は思いのほかつらいものになった。

個人の貢献

ニックは四番めの項目に移った。「製品パンフレットはどうですか?」。質問はマイキーに向けられた。

「すっかり準備できてるわ」。マイキーは不遜に見えないように気をつけたが、見え透いていた。

ニックは少し驚いた。「本当に?」

仲間たちが自分を完全に信じていないことに気づき、マイキーはコンピューター・バッグに手を伸ばして、光沢紙の束をとりだし、全員に回覧した。「来週には印刷に回す予定です」

一同はしんとしてデザインを吟味し、文案を読んだ。キャスリンには、ほとんどのメンバーがこの資料の質に満足しているのがわかった。

ただ、ニックは不愉快そうだった。「これのこと、僕に話してくれるつもりはあったのかい？　営業の中には、このパンフレットのために顧客調査をやってるスタッフもいるんだから、もし自分たちの意見が反映されてなかったらムッとすると……」

マイキーがさえぎった。「こういうことは、社内のほかの誰よりも、うちのスタッフの方がよく知ってる。でも、あなたの部署の人が自分もちょっとぐらい手を出したいっていうなら、かまわないわよ」。マイキーがそれを必要だと考えていないのはあきらかだった。

ニックは、今見ている見本に感動するか、それをこんなふうに見せられたことを侮辱ととるか悩んだ。「わかった。先へ進める前に、これを見てほしい人が三、四人いるから、後でリストを送る」

チームの間にマイキーの仕事ぶりに対する感動があったにせよ、それはニックへの対応によって損なわれた。

ジェフは気まずい状況を何とかしようとした。「とにかく、きみがスタッフとつくったこれはすごいよ」

マイキーはこのほめ言葉をやや大げさに受けとめた。「ええ、がんばったもの。こういうことなら任せてちょうだい」

一同は、謙虚という言葉を知らないこの同僚の態度に、内心で頭をかかえた。キャスリンはめずらしく衝動にかられ、これ以上は待てないと決めた。六時の夕食まで午後の長い休憩に入ると告げ、解散させた。マイキーだけを残して。

対話

ほかのメンバーが部屋を出てドアが閉まると、キャスリンは自責の念にかられ、自分もしばらく散歩に出かけたいと思った。〈どうすればここから逃げ出せるだろう〉と考えたが、もはや後もどりできないことはわかっていた。

マイキーは、何が起ころうとしているのかわからない様子だった。そのせいでこれから行うことが簡単になるのか、難しくなるのかはわからない。だが、すぐにわかるだろう。

「つらい話をしなくちゃいけないわ、マイキー」

マーケティング担当副社長は、一瞬はっとした表情を見せたが、すぐに隠した。「なんでしょう」

キャスリンは深呼吸し、単刀直入に言った。「あなたはこのチームに合わないと思う。

あなたも本当にここにいたいわけじゃないでしょう。私の言いたいこと、わかるわね？」

マイキーは心底ショックを受けていた。それはキャスリンにとっても予想外のことだった。〈こうなると予測してほしかった〉とキャスリンは心の中で嘆いた。

マイキーは信じていなかった。「私が？ 冗談でしょう。このチーム全員の中でも、私のことは……」。言葉が最後まで続かなかったが、マイキーはじっとキャスリンを見つめた。

「私が？」

不思議なことに、キャスリンは最初に切り出したときにくらべて急に落ち着いてきた。これまでにも扱いづらい管理者と話し合ったことは何度もあり、相手がショックを受けたからといって動じることはない。しかし、マイキーは並の管理者より頭がよかった。

「理由は何ですか」。マイキーは問い詰めた。

キャスリンは静かに説明した。「マイキー、あなたは同僚に尊敬を払ってない。同僚を受け入れようという気がない。会議中、みんなをかき乱すようなこと、やる気をそぐようなことばかりしている。私に対してもね」。キャスリンには、自分が真実を話しているとわかっていたが、こうした状況に慣れていない人にとっては、この非難はどれほど浅薄なものに聞こえるだろうと急に気づいた。

「私が同僚に尊敬を払ってないですって？ 問題は、彼らが私に尊敬を払ってないことよ」。

この言葉が口をついて出た瞬間、マイキーはこの偶然の自己告発の重さを悟ったように見えた。わずかに動揺しながら、言葉を補おうとした。「みんなは私の専門知識を正しく評価してません。私の経験も。それに、ソフトウェアのマーケティングのノウハウもわかってない」

キャスリンは黙って聞いていたが、マイキーが一言話すたびに自分の決断への自信を深めていった。

それに気づいたマイキーは、それまでより冷静に、だがあきらかに悪意をもって攻撃を始めた。「キャスリン、私がチームを辞めたら、取締役会はどうすると思うの。一カ月とたたないうちに、営業とマーケティングの二人の責任者を失うことになるのよ。私があなただったら、自分のクビを心配するわね」

「ご心配ありがとう、マイキー」。キャスリンの返事にはわずかに毒があった。「でも、私の仕事は取締役会との対立を避けることじゃないわ。この会社がうまくいくように経営チームを構築することです」。そして、少しあわれむような口調になった。「あなたはこのチームの一員になりたいと思っていない」

マイキーは息をのんだ。「本気で、私をチームから追い出すことがこの会社のためになると思ってるの？」

キャスリンは首を縦に振った。「思ってます。それに正直言って、その方があなたのためだとも思ってるわ」

「どうしてそう思うの」

キャスリンは、できるだけ誠意と思いやりをもって答えるようにした。「あなたは、もっと自分の能力とスタイルを評価してくれる会社に出会えると思う」。キャスリンは次の一言は言わずに済ませたかったが、言った方がマイキーのためになると考えた。「けれど、自分を見つめ直さないと、それは簡単なことじゃないでしょう」

「どういう意味？」

「あなたはふてくされてるように見えるの、マイキー。それはディシジョンテックの問題かもしれないけど……」

キャスリンがそれ以上言わないうちにマイキーがさえぎった。「ディシジョンテックの問題に決まってるわ。前までこんな問題が起きたことないもの」

キャスリンはそんなはずはないと思ったが、傷口に塩をすり込むようなまねはするまいと決めた。「それじゃ、きっとよそへ行った方が幸せになれるわ」

マイキーは目の前のテーブルを見つめた。状況が飲み込めてきたのだろうと、あるいは受け入れる気になったのかもしれないとキャスリンは思った。それはまちがいだった。

最後の抵抗

マイキーは考えをまとめたいと言って席を立った。少したって戻ってきたときは、さっきより感情がたかぶっていて、何か決意しているようすだった。

「まず、私は辞めません。そっちからクビにするしかないわ。私の夫は弁護士だから、訴訟になったら簡単にいきませんよ」

キャスリンはひるまなかった。ただ、心から同情してこう答えた。「クビにはしないわ。あなたも辞めなくてもいい」

マイキーは混乱した。

キャスリンが説明した。「でも、あなたは態度を完全に変えなくちゃいけない。それもすみやかに」。キャスリンは、今の言葉の意味を考えさせるために言葉を切った。「けれどはっきり言って、あなたがそんなことをしたいとは思えない」

マイキーの表情が、そんなことはしたくないと語っていた。だが、それでもなお自分を守ろうとした。「ここでの私の態度が問題だとは思いません」

キャスリンは答えた。「たしかに、それだけが問題というわけじゃない。でも非常に深刻な問題です。あなたは自分の部門以外のことには参加しない。仲間からの批判を受け付けない。調和を乱しても謝らない」

「私がいつ調和を乱したっていうの」とマイキーは追求した。

マイキーがシラを切っているのか、それとも本当に人間関係について鈍感なのかわからなかった。いずれにしても、はっきり話さなくてはいけない。ただし、冷静に。「何から話したらいいかしら。いつも天を仰ぐ癖。無神経で相手をばかにした発言。マーティンのことをくだらない人間と言ったみたいにね。会社にとっての最優先事項なのに、営業研修に出たがらないこと。こういうことすべてが調和を乱してると言わざるをえません」

マイキーは押し黙っていた。これだけの厳然たる証拠を並べられて、はじめて自分の抱える問題の重さに気づいたように見えた。しかし、まだ何度か抵抗を試みるまで、負けを認める気はなかった。「あれこれ文句を言われるのは、もううんざり。それに、この機能不全なグループに合わせるために自分を変える気もない。でも、あなたの思いどおりに辞めてなんかあげないわ。これは主義の問題よ」

キャスリンの自信ある態度は変わらなかった。「どんな主義？」

マイキーはいい答えを思いつかなかった。ただ冷淡にキャスリンを見つめ、頭を振った。そのまま一分近くがたった。キャスリンから沈黙をやぶる気はなかった。マイキーには自分をみつめ、自分の主張が空虚なものだと気づいてほしかった。とうとうマイキーが言った。「三カ月分の解雇手当、ストック・オプション全部の行使、自主退職したことを証明する正式な記録をちょうだい」

キャスリンはほっと胸をなでおろし、よろこんでマイキーの要求にすべて応じたいと思った。しかし、すぐにそう言わない方がいいことはわかっていた。「全部はどうかわからないけど、できるかどうかやってみるわ」

さらにしばらく気まずい沈黙が流れた。「じゃあ、すぐにここを出て行ってほしい？　その、夕食まででもいてはいけない？」

キャスリンはうなずいた。「来週、会社に荷物を取りにきて。こちらが希望どおりに用意できれば、そのとき人事部に寄って手当や何かの手続きをするといいわ」

「みんな大変な目にあうわよ」。マイキーは何とかしてキャスリンを痛い目にあわせたかった。「これで営業もマーケティングも人がいなくなる。それに、これで私の部下の何人かが辞めてもおかしくないわね」

キャスリンはこんなことは過去に何度も経験済みだったし、マイキーの部下とも十分話をして、ほかの人たちと同じように上司の欠陥に気づいていることを知っていた。しかし、多少は心配してみせた方がいいだろうと考えた。「そうね、そうなったらたしかに大変でしょうけど、そうならないことを願うわ」

マイキーはまた頭を振り、もう一度攻撃を始めるかに見えた。しかし、そのままコンピューター・バッグをもって出ていった。

集中砲火

キャスリンは残りの休憩時間、ぶどう園をゆっくりと散歩した。会議が再開したときには、すっかり元気を取り戻していた。しかし、これから起こることに対しては、まったく心の準備ができていなかった。

キャスリンが議題をもち出す前に、ニックが「マイキーは？」と聞いた。

事実を伝えるときに、内心ほっとしていることを悟られないように気をつけた。「マイキーは戻ってきません。会社を辞めることになりました」

集まった一同の表情は、キャスリンの予想とはちがっていた。驚いていたのだ。

「どうして？」とジャンがたずねた。

「退職する従業員については法律上の問題がありますから、これから話すことは内密にお願いしますね」。全員がうなずいた。

キャスリンは率直に話した。「マイキーには態度をなおす気がなかった。そのことがチームを傷つけていた。だから会社を辞めてほしいと言ったの」

誰も何も言わなかった。ただ互いに顔を見合わせて、目の前のテーブルに置かれたままのパンフレットを見つめた。

ついにカルロスが口を開いた。「まさか。何て言っていいのかわからない。どうして承知したんだろう。これからマーケティングはどうすればいいんだ」

続けざまにニックも質問した。「社員にはなんて言えばいいんだ。マスコミには」

キャスリンはこうした反応を意外に思いつつも、すぐに質問に答えた。「マイキーの反応についてはあまり言いたくありません。多少とまどい、多少怒っていたけど、どちらもこういうときにはよくあることです」

グループはキャスリンがほかの質問に答えるのを待った。

「今後のマーケティングについてだけど、これから新しい副社長を探します。ただ、社内には優秀な人材がそろってますから、それまで暫定的に代役をつとめられる人もいるでしょう。その点は心配していません」

一同はキャスリンの説明を理解して、納得した。

「社員とマスコミには、単にマイキーはよそへ移ったと話す必要があります。この点については、あまり柔軟な対応はしません。つまり、微妙な情報は詳しく話さないこと。ただ、当初の周りの反応をそれほど気にかける必要はないと思うの。私たちが一致団結して行動し、進歩を示せば、社員もアナリストも納得します。それに、そんなに驚く人は少ないと思うわ。特に社員はね」

キャスリンには自信があったし、説明も理にかなっていたが、部屋の空気は沈んだままだった。全員の目を実際の仕事に向けるには、懸命にせっつく必要がありそうだ。この先、マイキーの件が落ち着くまでには、まだやるべき仕事が山ほどあることをキャスリンは知らなかった。

重労働

その晩から翌日の午後までは、特に営業に重点を置いて、事業の細部について話し合った。進歩はあったものの、マイキーが辞めたことで全体の空気が重苦しくなっていることは否定できなかった。キャスリンはあえて危険を冒すことにした。

昼食が終わると、キャスリンは話しかけた。「これから少しの間、この場に重くのしかかっている問題について話し合いたいと思います。マイキーが辞めたことについて、みんながどう思ってるか知りたいの。来週、取締役の前でこの件を説明する前に、チームとしてこの問題に対処しておく必要があるから」。いつもとまどうことだが、かなり扱いづらい社員が辞めたときでも、仲間たちが多少は悲しんだり、自信を失ったりすることは、過去の経験からわかっていた。

メンバーは誰か最初に発言しないかと顔を見合わせた。それはニックだった。「僕は、また一人チームのメンバーを失ったことが何となく不安なんです」

キャスリンはニックの不安を認めるためにうなずいたが、本当は、〈でも、マイキーはこのチームのメンバーじゃなかった〉と言いたかった。

ジャンが言った。「たしかに難しい人だったけど、仕事の質はすばらしかったわ。それに、今はマーケティングが大事な時期よ。私たちが我慢すればよかったんじゃないかしら?」

キャスリンは話を聞いていることを示すためにうなずいた。「ほかには?」

マーティンが手をあげて、発言する意思があることを示したが、本当は言いたくなかった。「次は誰だろうと思ってる」

キャスリンは少し間をおいてから答えた。「ちょっと私の話をさせて。あまり自慢できるような話じゃないけど」

その言葉が全員の注意を引いた。

キャスリンは、本当は話したくないというように眉をひそめた。「大学院での最終学期に、サンフランシスコの有名な小売企業で契約社員として働いたの。財務アナリストの小さな部門を管理する仕事だった。実質的にはじめての管理職で、卒業したらその会社の正社員になりたいと思ってた」

人前で話すのが苦手とはいえ、キャスリンは話を聞かせるこつを心得ていた。「私が引き継いだのは、優秀な人材がそろったグループだった。みんなよく働いたけど、なかでもいいレポートをたくさん仕上げる人が一人いたの。仮にフレッドと呼ぶわね。フレッドは言われた仕事はなんでも引き受けてくれて、私にとって一番信頼できる社員になった」

「そんな問題なら僕も抱えてみたいよ」とニックが言った。

キャスリンは少し眉をつりあげた。「この話には続きがあるの。部内のほかの社員は、みんなフレッドに我慢できなかった。正直言って、私もかなりうんざりしたわ。ほかの人の仕事は手伝わないし、いつも自分の方が仕事ができることを人に見せつけようとしていた。たしかにそれは、フレッドのことがきらいな人たちにも否定はできなかったけど。とにかく、部下が何度も私のところへ来ては、フレッドのことで苦情を言うの。私はよく話を聞いたし、気は進まなかったけど、フレッドに態度をあらためるようにも言った。でも、たいていは無視してたの。ほかの人にも、彼の能力はありがたいってわかってたから。何よりも、自分の下で成績最高の社員を責めたくなかった」

一同はキャスリンに共感していた。

「そのうち部門の業績が下がり始めたから、私はフレッドの仕事を増やしたの。フレッドは多少文句は言ったけど、きちんとやってくれた。あの部門を維持しているのは彼だと思ってた。そのうち、部門内の士気がこれまでになく悪化し始めて、業績はさらに悪化した。そのうちまたアナリストが私のところへフレッドのことで苦情を言いにきて、私が思ってた以上に、フレッドがグループの問題の原因になっていることがわかってきたの。一晩中眠らずに悩んだあげく、はじめて重大な決断をした」

ジェフが「クビにしたんだ」と推測した。

キャスリンは恥ずかしそうに笑った。「いいえ。昇進させたの」

全員があんぐりと口を開けた。

キャスリンは首を縦に振った。「そう。私が管理者としてはじめて昇進させたのがフレッドだったの。二週間後、七人のアナリストのうち三人が辞めて、部門は混乱状態になった。仕事は遅れに遅れ、私は上司から呼ばれて、どういうことか説明しろと言われた。私はフレッドのことや、ほかのアナリストが辞めた理由を話したの。次の日、その上司は重大な決断をした」

ジェフがもう一度言った。「フレッドをクビにした」

キャスリンは苦笑した。「おしい。私をクビにしたのよ」

全員がびっくりした。ジャンはキャスリンを慰めたかった。「でも、ふつう契約社員は解雇しないでしょう」

キャスリンは急に、すこし揶揄するような口調で言った。「じゃあ、こう言いましょう。契約期間が突然終了し、その会社は二度と私を雇おうとはしなかった」

ニックとマーティンはニヤニヤしたが、あまりおかしそうに笑わないように気をつけた。キャスリンは二人の考えていることを言った。「クビになったのよ、まちがいなくね」

一同はどっと笑った。

「フレッドはどうなったんですか?」とジェフがたずねた。

「数週間後に辞めて、会社は別の管理者を雇ったって聞いたわ。フレッドが辞めてから一カ月で、業績は飛躍的に向上した。アナリストの数は前より少なかったのにね」

「フレッドの態度だけで、グループの生産量が半減したっていうんですか?」

「いいえ。フレッドの態度じゃない」

みんなはわからないという顔をした。

「私がフレッドの態度を我慢したのがいけなかったの。つまり、会社は辞めさせるべき人間を辞めさせたってこと」

誰も何も言わなかった。みんな上司の苦痛を思い、キャスリンの話と、前日に起きたことを結びつけていた。

少したって、キャスリンは教訓をしっかりと刻んだ。「あなたたちを一人も失うつもりはありません。そのためにこうしたんです」

その瞬間、その場にいた全員がキャスリンを理解した。

再結集

キャスリンは会社に戻ると、マイキーの退職をはじめ会社の問題を話し合うための社員総会を開いた。いつもの気配りのある穏やかな態度で説明したものの、このニュースは、幹部が予想していた以上に社員の不安を呼んだ。こうした反応は、マイキー個人を失ったことに対するものというより、その象徴的な意味に関係があるのだと誰もがわかっていたが、チームの意気込みは多少くじかれた。

そこで、次の幹部会議では、一時間以上かけて、後任のマーケティング責任者をどうするか話し合った。マイキーの元部下の一人を昇格させるかどうかで激論をたたかわせた後、キャスリンが決着をつけるために割って入った。

「いいでしょう。もう十分に話し合って、みんなの意見を聞いたと思います。まだ何か言うことがある人は？」

誰も発言しなかったので、キャスリンは続けた。「部門を拡大する能力があって、ブランドづくりに協力してくれる人を見つける必要があると思います。社内の人材を登用したい気持ちはあるのだけど、部門の中には、今すぐそんなことができそうな人物は見当たりません。ですから、新しい副社長を探し始めた方がいいと思うんだけど」

外部の人材の採用に反対していたメンバーも含め、全員がうなずいて支持を示した。

「ただ、必ず適切な人材を探したいと思います。そのためには、ここにいる全員が候補者と面接して、信頼を示し、衝突に参加し、グループの決定に責任感をもち、仲間の説明責任を追求し、個人の自尊心よりチームの結果を重視することのできる人物を見つけるよう努力することになります」

キャスリンには、部下たちが自分の理論を信じるようになってきたという確信があった。ジェフに新しい副社長を探すための手配を任せると、営業の議題に移った。

ニックは、数社の重要な見込み客については進展があったが、一部の地域ではまだ苦しい状況だと報告した。「もっと歩いて回る必要があると思う」

ジャンには、ニックが予算の拡大を求めてくることがわかっていたので、すかさずニックの思考を停止させた。「支出枠は増やしたくない。経費が増えれば、それだけ営業のノルマも増えるだけよ。そんな悪循環に陥りたくないもの」

ニックは息を荒らげて、〈また始まった〉と言いたげに頭を振った。ほかの人が口を出す間もなく、ニックとジャンはテーブルをたたきながら、相手に、そしてほかのメンバーに、自分の方法が正しいと納得させようと主張し始めた。

一瞬の間があいたとき、ジャンはいらいらしながら椅子に身を投げ出し、「これじゃ何も変わってないじゃない。結局、問題はマイキーじゃなかったってことね」と宣言した。

この言葉に、一同はしんとした。

そこへキャスリンが笑いながら言った。「ちょっと待って。何も悪いことなんかないじゃない。こういうのが、この一カ月話してきたような衝突よ。完璧だわ」

ジャンは説明しようとした。「そうは思えないけど。やっぱりけんかしてるみたい」

「けんかしてるのよ。ただし、大事な問題についてね。それがあなたたちの仕事なの。そうしないと、自分の部下たちに、彼らが解決しようとしてもできない問題を任せることになる。社員たちは、私たちがこういう問題をきちんと議論して、明確な方向づけを出すことを期待してるのよ」

ジャンは疲れた顔をしていた。「こんなことをする価値があるといいんだけど」

キャスリンはまたにっこりとした。「私を信じて。あなたが思っている以上の価値があるわ」

それからの二週間、キャスリンは以前にも増して、チームの行動についてきびしい要求を出すようになった。マーティンが会議中に不遜な態度をとって信頼を損ねたといってとがめた。カルロスには、ほかのメンバーが顧客の問題に十分対応していないことを責めるようせっついた。また、何日か夜遅くまでジャンとニックにつきあい、予算をめぐる戦いをとことんまで追求した。

しかし、キャスリンがしたこと以上に重要なのは、キャスリンが受けた反応である。そのときは抵抗しているように見えることもあるが、キャスリンに指示されたことを本当にやるべきかどうか疑問に思う者はいなかった。チーム全体の目的を本当に理解していたのだ。

キャスリンにとって残る問題は、このまま誰の目にもその効果がわかるまで、このプロセスを長く続けられるかどうかだった。

第4部

THE **FIVE** DYSFUNCTIONS OF A **TEAM**

牽引力

収穫

ナパバレーでの最後の社外会議は、それまでのものとはちがう雰囲気だったが、とりあえずいつものスピーチで始まった。「私たちには競争相手より経験豊富な経営陣がいます。資金も潤沢です。マーティンとそのチームのおかげで、核となる技術でも優っています。それに、取締役会も結束しています。それなのに、売上高と顧客獲得の両方で二社に遅れをとっています。その理由は、みなさんおわかりですね」

ニックが手をあげた。「キャスリン、もうそのスピーチはやめてください」

一カ月前なら、こんな不躾な発言に対して、誰もが衝撃を受けただろう。しかし、誰にも驚いた様子はなかった。

「どうして?」とキャスリンがたずねた。

ニックは顔をしかめて適当な言葉を探した。「その言葉が合うのは、数週間前までの、僕らがもっとずっと……」。最後まで言う必要はなかった。

キャスリンはできるだけ気持ちよく説明した。「このスピーチの内容が真実ではなくなったら、そのときはやめます。今はまだ二社の競争相手に遅れをとっています。それに、私たちはまだ、チームとしてあるべき域に達していません。

ただし、正しい軌道に乗っていないということじゃないわ。今日はまず、私たちがチームとしてどのような状態にあるか、一歩引いて客観的に評価してみましょう」

キャスリンはホワイトボードに近寄り、また三角形を描き、五つの機能不全を書き込んだ。

そして、「今の状況はどう？」とたずねた。

チームはモデルを再検証しながら、この質問について考えた。

最初にジャンが口を開いた。「一カ月前よりも互いに信頼し合っていることはたしかです」。全員がうなずき、ジェフが言葉を引き継いだ。「ただし、これ以上やることがないと言うには、まだ早いけど」。引き続き全員がうなずいた。

ジャンが続けた。「それに、衝突もうまくやれるようになってきた。正直、私はまだ慣れないけど」

キャスリンが声をかけた。「衝突に完全に慣れる人なんていないと思うわ。少しぐらい不快じゃないと、本物じゃない。大事なのは、とにかく続けること」

ジャンはこの説明に納得した。

次にニックが話した。「責任感についてだけど、まちがいなく目標や約束を重視するようになってきた。それは問題ないと思う。けど、その次の説明責任が僕には一番不安だ」

「どうして?」とジェフが聞いた。

「誰かが約束を守らなかったり、チームのためにならない行動を始めたりしたら、正面から立ち向かおうとするかどうか、確信がないんだ」

「俺はまちがいなく立ち向かうね」

その言葉を発したのは、意外にもマーティンだった。「前みたいな状態に戻るのは、とても我慢ならん。人間関係が少々気詰まりになるのと政治的かけひきとどちらがいいかと言われたら、俺は気詰まりを選ぶね」

ニックはこの変わり者の同僚に向かってニヤリと笑い、モデルの最後の項目を見た。「結果重視については問題はないだろう。この会社を成功させることができなければ、僕たちは誰も明るい気分にはなれない」

キャスリンにとって、全員が同意のために首を縦に振っているのを見ることほどうれし

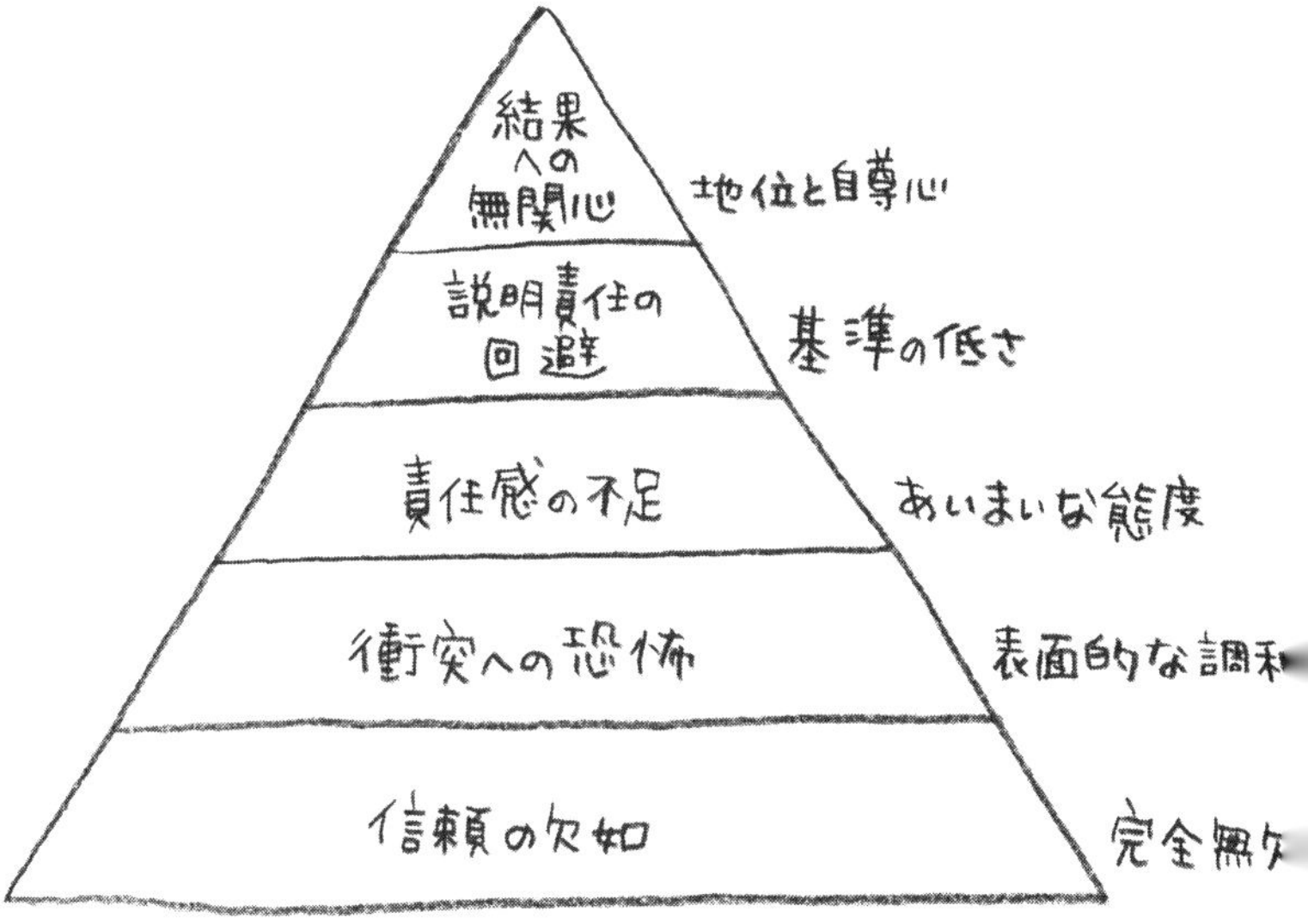
結果
への
無関心
地位と自尊心
説明責任の
回避
基準の低さ
責任感の不足
あいまいな態度
衝突への恐怖
表面的な調和
信頼の欠如
完全無欠

いことはなかった。しかし、この明るい空気を少ししぼませる必要があると考えた。

「チームについてみんなが言ったことは、だいたい合ってると思うわ。正しい方向へ進んでる。でも、これから数カ月の間には、ちっとも進歩してないんじゃないかと思う日が何度もやってくる。行動が変化して何週間かたっただけでは、業績に目に見える影響は現れない」

一同はあまりにもあっさりとこの言葉に同意を示した。そこで、キャスリンはもう一度かき回してみることにした。「こんなことを言うのは、私たちがまだ危機を脱してないからよ。私たちよりずっと協力しあってるグループが後退していくのを何度も見たわ。今やってることを続けるには、自制心と根気が必要なの」

チームの雰囲気に水をさしたことは申し訳なく思いながらも、キャスリンは、どんなチームでも機能不全から脱する過程で出会うであろう苦難を覚悟させておきたかった。それからの二日間、そのような苦難はやってきた。ときには協調精神で助け合いながら、ときには互いにつかみかかりながら、グループは事業の問題に取り組み、一つひとつ解決へ導いていった。チームワークの概念そのものを論じることはめったになかったが、キャスリンは、それこそが進歩しているしるしだと解釈した。休憩中や食事中に目にした二つの光景が、その解釈の正しさを物語っていた。

まず、以前の社外会議のようにばらばらに行動するのではなく、チームが一緒に過ごすようになった。次に、以前よりやかましくなった。なかでもよく聞こえてくるのは、笑い声である。この社外会議の最後には、誰もがあきらかに疲れ切っていたが、会社に戻ってからフォローアップ会議で集まるのを楽しみにしていた。

腹の内

最後の社外会議が終わってから三カ月後、会社近くのホテルで、キャスリンにとってはじめての四半期ごとの幹部会議が二日間にわたって行われた。新しいマーケティング担当副社長、ジョゼフ・チャールズは、一週間前にディシジョンテックに加わったところで、これがグループとの最初の会議だった。

キャスリンは開会にあたって、思いもよらないことを発表した。「グリーン・バナナを覚えてる？ 前四半期に買収を検討したあの会社よ」

一同がうなずいた。

「あのときニックが、競争相手になるかもしれないと言ったのは正しかったらしいわ。私たちを買収したいっていうの」

取締役の一員として事前にこの申し込みを知っていたジェフを除いて、全員が驚いた。なかでもニックは愕然とした。「資金面ではかなり困っていたはずだけど」

「そのとおり。先月、多額の資金を調達したらしくて、急に何か買ってみたくなったんでしょうね。すでに申し込みが来てるの」

「いくらぐらいで?」とジャンがたずねた。

キャスリンはメモを見た。「うちの現在の推定価額をかなり上回る金額ね。私たちみんな、相当なお金持ちになるわ」

ジャンがしつこく聞いた。「取締役会は何て?」

ジェフがキャスリンにかわって答えた。「僕たちに任せると言ってる」

誰も何も言わなかった。各自が手にする金額を計算して、さまざまな仮定と比較しようとしているように見えた。

イギリス訛の怒ったような声が沈黙をやぶった。「冗談じゃない」

全員の頭が技術責任者の方を向いた。マーティンは誰も聞いたことがないほど熱意を込めてしゃべった。「今やってることから手を引いて、未熟な果物の名前をつけた会社なんかにわたすわけがない」

一斉に笑いが起こった。

ジャンが現実に引き戻した。「そんなにあっさりと切り捨てることはないと思うわ。私たちが成功するっていう保証はないもの。これは現実に手に入るお金なのよ」

ジェフがジャンの意見につけ加えた。「取締役会も、悪くない話だと考えている」

マーティンは、ジェフが信じられないといった顔をした。「それじゃ、何で俺たちに決定を任せたんだ」

ジェフは少し考えてから説明した。「僕たちの胸中を知りたいからさ」

マーティンは意味がわからず聞き返した。「何だって？」

「僕たちがここにいたいかどうかを知りたいのさ。本当に会社に対して責任を感じているか。それにお互いに対しても」

ジョゼフが言い換えた。「腹の内をさぐるというわけですね」

この会議ではじめてカルロスが発言した。「僕は反対だ」

次にジェフが言った。「僕もだ。もちろん」

ニックがうなずいた。キャスリンとジョゼフも続いた。

マーティンはジャンを見た。「どうなんだ？」

ジャンは一瞬ためらった。「グリーン・バナナ？　冗談でしょ？」

一同はどっと笑った。

キャスリンはすぐに会議の本題に移った。この雰囲気を利用して、すぐに現実的な仕事に取りかかりたかった。「さあ、今日中にかたづけなきゃいけない重大な議案はほかにも山ほどあるわ。始めましょう」

それから数時間かけて、グループはジョゼフに五つの機能不全を紹介した。ニックは信頼の重要性を説明した。ジャンとジェフは一緒に衝突と責任感について話した。カルロスはチーム内の説明責任とは何かを教え、最後にマーティンが結果について語った。次に、ジョゼフのマイヤーズ・ブリッグズ検査の結果を検討し、新しい仲間一人ひとりの役割と責任、チーム全体の目標を説明した。

何よりも重要なことは、チームがその日、ジョゼフが聞いたこともないような熱烈な議論を始め、議論の最後には明確な合意をまとめて、誰もぐずぐずと文句を言わなかったことだ。途中で一度か二度、メンバーが怒鳴り合ってジョゼフが不快に思うこともあったが、いずれの場合も、そのおかげで議論は決着に行き着いた。

会議が終わる頃には、ジョゼフは、これまで見たなかでも類まれな情熱あふれる経営チームに加わったことを確信し、自分も早くその一員になりたいと思った。

行進

それからの一年で、ディシジョンテックの売上高は急増し、3四半期めにして年間の売上目標を達成した。業界一位の会社にほぼ並んだが、まだ最大のライバルを引き離すにはいたっていなかった。

業績が大幅に向上したことで、会社を辞める社員は減り、士気は着実に高まったが、会社が目標を達成できなかったときだけ一時的にわずかに悪化した。

そんなときには、会長までもがキャスリンに電話し、進歩していることはまちがいないのだから、あまりがっかりしないようにと励ました。

社員が二五〇人を超えたので、キャスリンは直属の幹部の数を減らす時機だと判断した。会社が大きくなればなるほど、トップのチームは小さい方がいいというのが持論だ。それに、新しい営業責任者と人事部長が加わったことで、キャスリンの部下は対処しきれる限界の八人になっていた。週に一度の一対一の面談に対処できないわけではなく、幹部会議のときに九人もの人間がいるため、実のある議論を円滑に進めることが難しくなってきたのだ。チーム全体としての姿勢は変わったが、これでは問題が表に現れるのも時間の問題だ。

そこで、ナパでの最後の社外会議が終わってから一年余りがたった頃、キャスリンは組織に若干手を加えることにした。それを、幹部一人ひとりに対して、慎重に配慮しながらも自信をもって説明した。ニックはまた最高業務責任者を引き受けることになった。ニックはようやく、自分の実力でこの肩書を得たような気がした。カルロスと新しい営業責任者はニックの下に配置され、CEOの直接の部下ではなくなった。人事部長はジャンの配下となり、キャスリンの部下は五人になった。マーティンがCTO、ジャンがCFO、ニックがCOO、ジョゼフがマーケティング担当副社長、ジェフが事業開発担当副社長である。

一週間後、四半期ごとの二日間にわたる幹部会議が行われた。キャスリンが会議を始める前に、ジャンが「ジェフは?」とたずねた。

キャスリンは事務的に答えた。「今日はまず、そのことを話そうと思ってました。ジェフはもうこうした会議には来ません」

全員が凍りついた。言葉の内容に対しても、キャスリンがそれを何の感情もまじえずに話したことに対しても。

全員が考えていたことを、ようやくジャンが質問した。「ジェフが辞めたの？」

キャスリンは、この質問にちょっと驚いたような顔をした。「まさか」

マーティンが続いた。「ジェフをクビにしたんじゃないだろうな」

やっとキャスリンに、みんなが考えていることがわかった。「まさか、もちろんちがうわよ。どうして私がジェフをクビにするの？　これからはニックの下につくの。ジェフの新しい役割を考えて、二人でその方がずっといいだろうって決めたの」

一同は最悪の心配が現実にならなくてほっとしたが、まだ当惑してることがあった。

ジャンは黙っていられなかった。「キャスリン、確かにその方がいいのはわかるわ。それにはっきり言って、ジェフがチームに加わればニックだって喜ぶと思う」

ニックがうなずくと、ジャンは続けた。「でも、あなたの直接の部下じゃなくなって、がっかりしてると思わない？　たしかに、私たちは地位や自尊心といったものにはこだわらなくなってるけど、ジェフは取締役だし、創立者なのよ。これがジェフにとってどういう意味をもってるか、真剣に考えたの？」

キャスリンは、話そうとしていたことに対して部下から先に説明を求められたことを喜び、誇らしげにほほえんだ。「みんな、これはジェフの考えなのよ」

誰もそんなことは考えもしなかった。キャスリンは話した。「チームにはとどまりたいけど、ニックのグループに入った方が理にかなっているって。私もジェフの気持ちが変わらないかどうか話してみたけど、会社のためにもチームのためにもそれが正しいことだと言い張るの」

チームが前CEOへの尊敬の念をあらたにしている間、キャスリンは黙って見守っていた。

それから再び口を開いた。「ジェフのためにも、会社のみんなのためにも、私たちにはこの会社を成功させる責任があります。さあ、始めましょう」

THE **FIVE** DYSFUNCTIONS OF A **TEAM**

モデル

モデルの概要

ＣＥＯやそのチームと働いた経験のなかで、筆者は二つの重要な事実に気づいた。第一に、たいていの企業においても本物のチームワークはいつになっても実現しにくいものであること。第二に、組織がチームワークの実現に失敗するのは、自然だが危険な五つの落とし穴に気づかぬうちに陥ってしまうせいである。この五つの落とし穴を、筆者はチームの五つの機能不全と呼んでいる。

これらの機能不全は、五つのまったく異なる問題で、個別に対処できるかのように誤解されるかもしれない。しかし実際には、これらは相互に関係しており、五つのうちの一つでももろい部分があれば、チームの成功は絶望的になる可能性さえある。それぞれの機能不全と、それらが構成するモデルの概要を知れば、この点はあきらかになるはずだ。

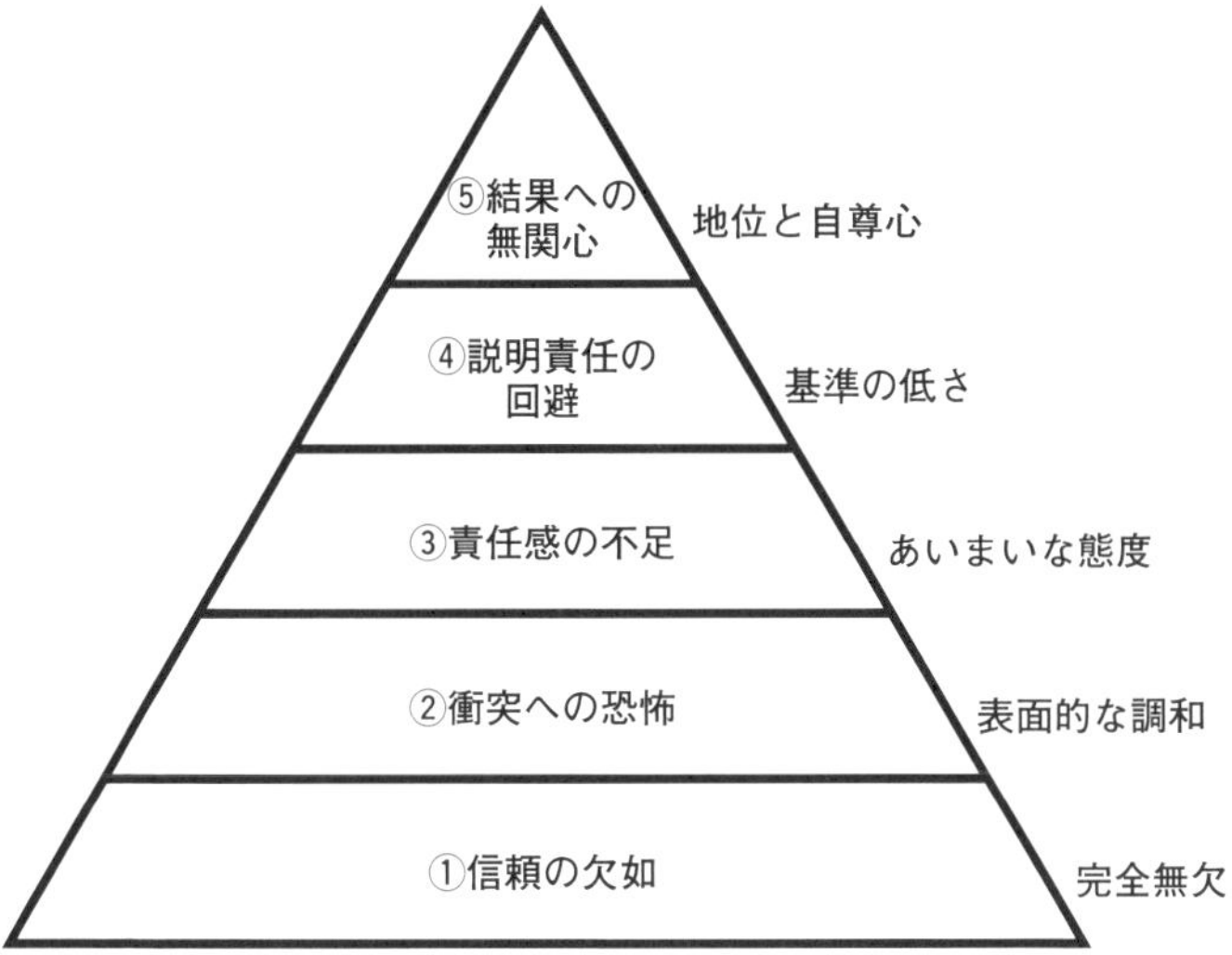
⑤結果への
無関心
地位と自尊心
④説明責任の
回避
基準の低さ
③責任感の不足
あいまいな態度
②衝突への恐怖
表面的な調和
①信頼の欠如
完全無欠

1…第一の機能不全は、チームのメンバー間の**信頼の欠如**である。これは本質的に、グループ内で弱みを見せようとしないことから来ている。チームのメンバーが、互いに自分のまちがいや弱みを隠そうとすると、信頼の基盤をつくることはできない。

2…信頼を築けないことが問題になるのは、それが第二の機能不全、**衝突への恐怖**を生み出すからである。信頼の欠如したチームは、腹を割って激しく意見をたたかわせることができない。あいまいな議論や慎重な発言が多くなる。

3…健全な衝突がないと、チームの第三の機能不全、**責任感の不足**をまねく。チームのメンバーは、オープンな激しい議論のなかで意見を出さなければ、会議中に表面的には同意しても、本当にその決定を支持し責任感をもつことはできない。

4…本当に責任をもって支持する姿勢がなければ、チームのメンバーは、第四の機能不全、**説明責任の回避**に走るようになる。明確な行動計画に責任をもって取り組んでいなければ、いくら集中力と意欲をもった人でも、チームのためにならない行動や態度をとった仲間をとがめるのに躊躇することがある。

5…互いの説明責任を追求しないと、第五の機能不全がはびこる環境が生じる。**結果への無関心**が起きるのは、メンバーがチーム全体の目標より個人のニーズ（自尊心、キャリア開発、評価など）や自分の部門のニーズを優先させたときである。

環が一つでも切れれば鎖全体が壊れるように、機能不全が一つでも蔓延すればチームワークは悪化する。

このモデルを理解する別の方法として、逆の見方をしてもよい。よい方向から考え、本当に結束の固いチームではメンバーがどのようにふるまうかを想像するのである。

1…互いを信頼する。

2…アイデアをめぐって遠慮なく衝突する。

3…決定や行動計画に責任感をもって取り組む。

4…計画を守らなかった場合、互いの責任を追求する。

5…チーム全体の結果を達成することを重視する。

これらのことを単純に思えるとしたら、事実、単純だからである。ただし、それは理論上の話であり、実際にはきわめて難しい。たいていのチームでは実現できないほど高いレベルの自制心と根気が必要とされるからである。

それぞれの機能不全について詳しく説明し、それらを克服する方法をさぐる前に、自分のチームを評価し、組織のどこに改善の余地があるかを知っておくといいだろう。

チームの評価

次ページの質問は、チームが五つの機能不全にどこまで冒されているかを調べるための簡単な診断方法である。質問リストの最後のページでは、結果を表にして結論を解釈する方法を簡単に説明する。なるべくチームのメンバー全員でこの診断テストを実施し、結果を検討して、回答のちがいについて議論したり、チームにとっての意味をさぐったりしてほしい。

テストの方法

それぞれの文章がチームにどの程度あてはまるか、次の三つから選ぶ。
正直に評価すること、そしてあまり考えすぎずに答えることが重要である。

3＝いつもそうである　**2**＝時々そうである　**1**＝ほとんどそうではない

1…チームのメンバーは、議論をするときに情熱があり互いを警戒しない。

2…チームのメンバーが互いの欠点や非生産的な態度を指摘する。

3…チームのメンバーが、同僚がどんな仕事をしているか、チーム全体にどのように貢献しているかを知っている。

4…チームのメンバーは、不適切、またはチームにダメージを与える可能性のある発言をしたり、行動をとったりしたときに、すぐに心から謝罪し合う。

5…チームのメンバーは、チームのために進んで自分の部門や専門分野を犠牲にする（予算、担当業務、人員など）。

6…チームのメンバーは、自分の弱みやまちがいを堂々と認める。

7…チームの会議がおもしろく退屈しない。

8…会議の途中で意見が合わなくても、最後に決定したことを同僚が責任をもって実行するという確信をチームのメンバーがもっている。

9…チームの目標を達成できないと、士気にかなりの影響がある。

10…チームの会議中に、最も重要で難しい問題が議題にのぼり、解決される。

11…チームのメンバーが、同僚の期待に添えないことを真剣に心配する。

12…チームのメンバーが互いの私生活について知っていて、気にせず私生活の話ができる。

13…チームのメンバーで議論をしたとき、明確かつ具体的な決議や行動案が示される。

14…チームのメンバーが互いの計画や手法に反論する。

15…チームのメンバーが、自分の貢献に対する評価は求めず、ほかの人の貢献は進んで評価する。

スコア

診断テストでつけたスコアを、次の表の該当する質問番号の欄に記入する。

機能不全1 **信頼の欠如**	4…	6…	12…	合計…
機能不全2 **衝突への恐怖**	1…	7…	10…	合計…
機能不全3 **責任感の不足**	3…	8…	13…	合計…
機能不全4 **説明責任の回避**	2…	11…	14…	合計…
機能不全5 **結果への無関心**	5…	9…	15…	合計…

8〜9点…チームに機能不全は現れていないと考えられる。
6〜7点…機能不全が問題になる可能性がある。
3〜5点…機能不全に対処する必要があると考えられる。

スコアが何点であれ、どのようなチームでも
絶えず努力が必要であることを覚えておくべきだ。
努力しなければ、最高のチームでも機能不全へと傾いていくからである。

五つの機能不全の理解と克服

第一の機能不全
信頼の欠如

結束力があり機能しているチームの中心には、信頼がある。信頼がなければ、チームワークの実現は不可能も同然である。

ところが、「信頼」という言葉があまりにも安易に使われ、ときには誤った使い方もされているため、この言葉のもつインパクトが損なわれ、陳腐な響きをもつようになってきた。だからこそ、信頼の意味を具体的に認識することが重要である。

チームを構築するときの信頼とは、メンバー同士が相手に悪意がないことを信じ、グループ内で身を守ったり慎重になったりする理由がないと確信することである。要するに、チームメイトが安心して互いに弱みを見せられなくてはならない。

この説明は、過去の経験にもとづいて他人の行動を予測できるといった、一般的な信頼の定義とは異なっている。たとえば、あるチームメイトについて、これまでいつも質の高い仕事をしてきたのだから、次もいい仕事をするにちがいないと「信頼」する。

これは望ましいことかもしれないが、優れたチームの特徴となるような信頼とは意味がちがう。そのような信頼のためには、チームのメンバーが互いに弱みを見せ、そうした弱みが自分の不利になるように利用されることがないと信じる必要がある。ここで弱みとは、能力不足、対人関係における欠点、ミス、そして助けを求めることを指す。

これらはあいまいに聞こえるかもしれないが、チームのメンバーが心から安心して自分をさらけ出すことができなければ、保身を気にせずに行動を起こすことはない。逆にそれができれば、互いに計略を張りめぐらせ、政治的かけひきに頼ることなく、やるべき仕事だけにエネルギーと注意を集中できる。

弱みを見せて信頼を築くことが難しいのは、成功している人のほとんどは、キャリアアップや教育の過程で、仲間と競争したり、自分の評価を守ったりすることを学ぶからである。このような本能をチームのために抑制するのは難しいが、どうしても必要なことである。

信頼のないチームのメンバーは……

互いに自分の弱みやまちがいを隠す。
助けを求めたり、建設的な意見を出したりすることをためらう。
自分の担当外の仕事を手伝うことをためらう。
ほかの人の意図や性質について、解明する努力をせずに結論に飛びつく。
互いの能力や経験を認めて生かすことができない。
効果をねらって自分の行動を操作するために無駄な時間やエネルギーを使う。
人に恨みをいだく。
会議をきらい、理由を見つけて一緒に過ごす時間を避けようとする。

信頼のあるチームのメンバーは……

弱みやまちがいを認める。
助けを求める。
自分の担当分野に関する質問や意見を受け入れる。
相手が悪いと判断する前に、そうではないことを前提に十分に調べる。
リスクを覚悟で意見を言ったり手を貸したりする。
互いの能力や経験を評価し、生かす。
政治的かけひきではなく、重要な問題に時間とエネルギーを使う。
迷わず謝罪し、謝罪を受け入れる。
会議をはじめ、グループで仕事をする機会が楽しみである。

これができなかったときの代償は大きい。信頼の欠如したチームは、グループにおける自分の行動や対話を操作するために途方もない時間とエネルギーを浪費する。チーム会議をいやがり、他人に助けを求めたり、支援を申し出たりするリスクをいやがる。そのため、信頼の欠如したチームでは一般にきわめて士気が低く、離職率が高い。

第一の機能不全を克服するには

チームが信頼を築くには、どうしたらよいだろうか。残念ながら、弱みを見せることを基本とする信頼は、一夜で築けるものではない。長期間にわたって経験を共有し、何度も約束を守って信用を高め、個々のメンバーの特徴を十分に理解する必要がある。しかし、集中的なアプローチをとることによって、このプロセスを飛躍的に早め、比較的短い期間で信頼を築くことができる。そのために利用できる手法をいくつか紹介する。

個人の歴史に関する演習……一時間もかけずに、信頼を築くための第一歩を踏み出すことができる。ほとんどリスクのともなわないこの方法は、会議中にメンバーが一人ずつ、個人に関する少数の質問に答えるだけでよい。質問はあまり微妙な性質のものである必要はなく、たとえば、兄弟姉妹の人数、出身、子供時代の習いごと、趣味、最初の仕事、最悪の仕事などがよい。これらの比較的無害な特質や経験を説明することによって、メンバー間の個人的な結びつきが深まり、お互いを人生経験や、興味深い経歴をもつ人間として見るようになる。これは共感と理解を深め、行動に対する不当な解釈を減らすことになる。チームのメンバーが驚くほどお互いのことを知らない場合もあり、ほんのわずかな情報だけで障壁が壊れ出すこともある。〔所要時間三〇分以上〕

チームの有効性に関する演習……この演習は、個人の歴史より厳密で重要なものだが、そのぶんリスクがともなうことがある。メンバーがチームメイト一人ひとりについて、最もチームに貢献している点と、チームのために改善したり抑えたりするべき点を一つずつあげる。次に、メンバー全員が一人ずつ回答する。通常はチーム・リーダーから始める。

この演習は、一見、差し出がましく危険なものに思えるかもしれないが、意外に扱いやすく、約一時間でさまざまな有益な情報を前向きに引き出すことができる。チームの有効性に関する演習を役立てるためには、たしかにある程度の信頼が必要だが、かなり機能不全を生じているチームでも、ほとんど緊張を高めずに成功することが多い。〔所要時間六〇分以上〕

性格・行動性向プロファイル……チームの信頼を築くのにとりわけ有効で、効果が続く手法として、メンバーの行動性向と性格スタイルのプロファイルがあげられる。これには、メンバー間の理解と共感を深めることにより、障壁を取り除く効果がある。

最適のプロファイル手法は、マイヤーズ・ブリッグズ性格類型指標（ＭＢＴＩ）だと考えられている。しかし、分野によって、ほかの多くの手法が使われている。これらの手法のほとんどは、さまざまな考え方、話し方、ふるまい方にもとづいて、各メンバーの行動を実際的、科学的に解説することを目的としている。ＭＢＴＩのような手法の優れた特徴は、優劣を判断するものではないこと（どのタイプがどのタイプより優れているということはなく、ただちがうというだけである）、調査研究にもとづいていること（占星術やニューエイジ・サイエンスとは異なる）、参加者が中心になって自分のタイプを調べること（自分のタイプを指定するコンピューター出力やスコア表が出てくるだけではない）である。こうした手法の多くは、専門コンサルタントが参加する必要もない。これは、その重要な意味や使い方を誤らないためにも大事なことである。**［所要時間四時間以上］**

三六〇度評価……ここ二〇年で一般的になった手法で、チームにすばらしい効果をもたらすことがある。仲間同士で具体的な判断をくだし、前向きな批判を加えるというものなので、これまでに説明したどの手法や演習よりもリスクは大きい。三六〇度評価を有効に使うカギは、報酬査定や正式な成績評価とは完全に切り離すことであろう。あくまでも、何の悪影響もなく長所と短所を認識できる人材開発手法の一つとして考えるべきである。三六〇度評価が正式な成績評価や報酬査定に少しでも結びつくと、危険な政治的色合いを帯びることになる。

実験的チーム演習……この一〇年間で、ロープ・コースのような実験的チーム活動を使った手法はやや色あせてきたし、それも当然のことである。しかし、いまだに信頼を築くためにこれらの手法を利用しているチームは多い。集団的な支援や協力を要求される創造的なきびしいアウトドア活動からは、たしかに得られるものもあるが、それが仕事の環境に直接結びつくとはかぎらない。とはいえ、実験的チーム演習は、もっと重要度の高い基礎的なプロセスと併用すれば、チームワークを強めるための貴重な手段になることもある。

　これらの手法や演習は、チームの信頼構築能力に短期間で効果を発揮するが、日常業務のなかで頻繁なフォローアップが必要である。個人の発展領域は何度も評価し、向上の勢いが衰えないようにする必要がある。かなり強力なチームであっても、勢いが衰えれば信頼が損なわれる可能性がある。

リーダーの役割

チームの信頼構築をうながすためにリーダーがとるべき最も重要な行動は、率先して弱みを見せることである。リーダー自身がチームの目の前で面目を失うリスクを冒すことで、部下もおなじようなリスクをとるようになる。さらに、チーム・リーダーは、弱さを罰しない環境をつくらなければならない。好意的なチームでも、弱みや失敗を認めた人を罰するようなことがあると、微妙に信頼が損なわれる。さらに、チーム・リーダーが見せる弱みは、本物である必要がある。演出であってはならない。他人の感情を操作するために弱いふりをすれば、チームの信頼は簡単に失われる。

第二の機能不全との関連

これらのことは、次の機能不全である衝突への恐怖とどのように関連するのか。信頼関係が築かれると、メンバーは、破壊的、批判的などと解釈される可能性のある発言をしても大丈夫だとわかるため、激しく、ときに感情的なやりとりにもためらわず飛び込んで行く。そのため、チーム内の衝突が実現する。

第二の機能不全
衝突への恐怖

長続きする優れた人間関係が育つためには、前向きな衝突が必要である。これは、結婚にも、親子関係にも、友情にも、そしてもちろん仕事にも言えることである。

ところが、衝突はタブーと考えられていることが多い。なかでも職場ではその傾向が強い。特に、組織の上層部へ近づくほど、優れたチームに欠かせない激しいやりとりを避けるために時間とエネルギーを費やす人が多くなる。

生産的な意見の衝突と、破壊的な争いや個人間の政治争いとは区別するべきである。意見の衝突は概念やアイデアのみを対象とし、狭量な個人攻撃は避ける。しかし、外から見れば、激しさ、感情、不満など、個人間の争いと似た点も多いため、部外者からは不毛な内輪もめと誤解されやすい。

しかし、生産的な衝突のあるチームは、それができるだけ短時間で最良の解決策を見出すためのものだと理解している。普通のチームより短時間で徹底的に問題を話し合って解決し、その白熱した議論には、余計な感情やダメージをともなわず、早く次の重要な問題に取り組みたいという熱意がある。

意見の衝突を避けているチームは、メンバーの感情を傷つけないために衝突を避けた結果、かえって危険な緊張を高めていることが多い。重要なアイデアについてメンバーが腹を割って話し合い、意見のちがいをあきらかにしないと、裏で個人攻撃が起きることがある。その方が、問題をめぐる白熱した議論よりはるかに有害で、たちが悪い。

また、効率のためとして衝突を避ける人も多いが、健全な衝突は、実は時間の節約にもなる。チームの議論は時間とエネルギーの無駄だという考え方があるが、むしろ衝突を避けると、おなじ問題を何度くりかえしても結論が出ないということになる。チームがメンバーに問題を「切り離す」よう求めることもあるが、これは重要な問題への対応を避けるのとおなじで、次の会議でまたおなじ問題が浮上するのがオチである。

第二の機能不全を克服するには

健全な衝突を行う能力と意思を育てるために、チームはどうしたらいいだろうか。最初の一歩は、衝突が生産的であること、衝突を避けようとするチームが多いことを認めるこ

衝突を恐れるチームは……

会議が退屈である。
陰で政治的かけひきや個人攻撃がはびこる環境を生む。
チームの成功にとって重要な論議を呼ぶ話題を無視する。
メンバーのあらゆる意見や視点を取り入れることができない。
演出や人間関係のリスク管理に無駄な時間とエネルギーを費やす。

衝突のさかんなチームは……

会議に活気がありおもしろい。
メンバー全員のアイデアを引き出して利用する。
実質的な問題の解決が早い。
政治的かけひきがほとんどない。
重要な問題が議題にのぼる。

とである。衝突が不要だと考えているメンバーがいるかぎり、衝突が起きる可能性はほとんどない。しかし、生産的な衝突をあたりまえのものにするには、ただ認めるだけでなく、いくつかの簡単な手法がある。

問題を掘り起こす……衝突を避ける傾向のあるチームでは、メンバーが時々、「衝突を掘り起こす」役割を引き受ける必要がある。チーム内に眠っている意見の相違を引っ張りだし、光を当てるのである。微妙な問題を指摘し、チームのメンバーにそれを話し合わせるには、勇気と自信が必要である。会議中はある程度客観的な視点をもち、衝突が解決するまで放棄しない責任感が必要である。会議や話し合いの際に、この役割を担うメンバーを指名するのも一つの方法である。

リアルタイムの許可……衝突を掘り起こす過程では、メンバー間で健全な議論から逃げないよう指導する必要がある。そのための簡単だが効果的な方法として、意見をたたかわせているメンバーがその状態を不快に感じてきたときを見計らって、今やっていることは必要なのだ、と念を押すとよい。単純と思われるかもしれないが、この方法は、生産的だがきびしいやりとりのなかで緊張をやわらげ、参加者に続けようという自信を与えるのにきわめて有効である。議論や会議が終わったら、さっきまでの衝突がチームのためになること、将来も避けるべきものでないことを参加者に告げるとよい。

その他の方法……先に述べたように、チームのメンバーがお互いを理解するのに役立つさまざまな性格・行動性向分析手法がある。その多くは、タイプ別の衝突への対応を説明しているため、各メンバーの衝突へのアプローチや抵抗を予測するのに役立つ。また、衝突に特化したツールとして、トーマス・キルマン衝突モデル法（ＴＫＩ）がある。これは、衝突に関する人間の自然な傾向を理解し、状況に応じた最適なアプローチを戦略的に選択できるようにするツールである。

リーダーの役割

健全な衝突をうながすにあたってリーダーが直面する課題のなかでもとりわけ難しいのは、メンバーを守りたいという気持ちである。このような気持ちから、議論を早い段階で中断すると、メンバーが自分で衝突への対応能力を育てることができなくなる。これは、兄弟げんかをさせない過保護な親に似ていて、多くの場合、参加者から衝突対応能力を高める機会を奪い、人間関係を緊張させるだけである。また、議論が解決に至らないため、欲求不満が残る。

したがって、メンバーが衝突しているときはリーダーは自制し、ときに混沌とした状況になろうと、自然な解決に任せることが重要である。リーダーは、衝突によって自分がチームをコントロールできなくなると、自分の仕事に失敗したように感じることが多いため、これはかなり難しいことがある。

最後に、ありきたりのようだが、リーダー自身が衝突における適切な行動の模範を示す必要がある。多くの上級管理者がそうであるように、チーム・リーダーが必要な生産的衝突を避けると、この機能不全が蔓延することになる。

第三の機能不全との関連

これらのことは、次の機能不全である「責任感の不足」とどのように関連するのか。生産的な衝突を行い、各メンバーの見方や意見を知ると、全員の意見が取り込まれたことがわかっているため、チームは自信をもって責任を果たし、決定を支持することができる。

第三の機能不全
責任感の不足

チームにおいては、責任感には「明確さ」と「支持」という二つの側面がある。優れたチームは、迅速に明確な決定をくだし、その決定に反対した人も含めて、メンバー全員の全面的な支持を得て前進する。会議が終わるときには、今決定したことを支持するかどうかひそかに迷っている人は誰もいない。

責任感の不足の大きな原因となるのは、全員一致を求めること、そして確実性を求めることである。

全員一致……優れたチームは、全員一致を求めることがいかに危険かを理解し、完全な合意に達しなくても支持が得られる方法をさぐる。理性的な人間が決定を支持するためには、我を押し通す必要はなく、自分の意見が聞かれ、考慮されたことがわかれば十分であると理解しているからだ。優れたチームは、必ず全員の意見を真剣に考慮する。それが、グループによる最終決定を支持しようという意思を生むのである。それがどうしても不可能なときは、リーダーが決断をくだすことが許される。

確実性……優れたチームは、一致団結して決定を支持できることを誇りに思い、その決定が正しいかどうかの確証がなくても、責任をもって明確な行動案に従う。何も決定しないよりは、何か決定した方がよいことを理解しているからだ。また、優柔不断よりは、大胆に決定してまちがえる方が、そしておなじように大胆に方向転換をする方がよいことを理解している。

これと対照的なのが、機能不全に陥ったチームの行動である。賭けを避け、決定が正しいという確信がもてるほど十分なデータが集まるまで重要な決定を先延ばしにする。これは慎重な行動に思えるかもしれないが、チーム内に無気力と自信のなさを広げる危険がある。

完璧な情報がなくても責任をもって行動しようとする背景には、衝突があることを思い出してほしい。多くの場合、チームに必要な情報はそろっているのだが、それはメンバーの頭のなかにあり、腹を割った議論によって引き出す必要がある。全員が意見や見方を表に出してはじめて、グループ全体の知恵を集めたという自信をもって決定を支持することができるのである。

全員一致と確実性のどちらを求めた結果であれ、上級管理者のチームが明確な決定をくだし、支持することができなかった場合、大きな問題となるのは、未解決の意見の相違が組織の下層深くまで浸透することである。この機能不全は、ほかのどの機能不全よりも、部下の間に危険な波紋を広げる。経営チームがメンバー全員の支持を得られなかった場合、それがたとえわずかな相違に思えたとしても、部下は自分の受けた命令とほかの部署の仲間が受けた命令が噛み合わないことで解釈に苦しみ、不協和音をたてるようになる。組織の上層部にわずかな隙間が空けば、それが下層に届く頃には、埋めようのない大きな溝になる。

責任感のないチームは……

チーム内の方針と優先順位があいまいになる。
過剰な分析と無用な遅れによって機会を逃す。
自信を失い、失敗を恐れるようになる。
議論と決定を何度もくりかえす。
メンバーの間に憶測が広がる。

責任感のあるチームは……

方針と優先順位が明確になる。
チーム全体が共通の目標に向けて結束する。
まちがいから学ぶ能力を身につける。
競争相手より先に機会を利用する。
迷わず前進する。
ためらいも罪悪感もなく方針を変更する。

第三の機能不全を克服するには

全員が責任感をもつために、チームはどうしたらいいだろうか。決定を明確にし、支持を得るための具体的な手順を話し合い、全員一致や確実性の誘惑に抵抗することである。単純だが効果的な手法と原則をいくつか紹介する。

カスケード式伝達……どのようなチームでも採用できるきわめて貴重な方法は、時間もほとんどかからず、コストはまったくかからない。幹部会議や社外会議の後に、会議中の主な決定事項をチーム全体で見直し、決定事項について、社員やほかの関係者に何を伝えるべきかを決めるのである。この方法を実行すると、決定事項についてチームのメンバーの認識が必ずしも一致していないことに気づき、行動に移る前に具体的な結論を明確にする必要が生じることがよくある。さらに、秘密にするべき決定はどれか、すぐにわかりやすく伝えるべき決定はどれかが明確になる。会議の最後に明確に意見を合わせておくと、おなじ会議に出席したはずの複数の管理者から矛盾した命令を受け取ることに慣れていた従業員に対して強力なメッセージを送ることになり、歓迎されるはずである。［**所要時間一〇分以上**］

期限……単純なようだが、責任感をもつのに適した手法は、決定を実行する期限を明確に決め、その期日を尊重して厳格に守ることである。この機能不全が引き起こす、チームにとって最悪の敵は、あいまいさである。なかでも時間はとりわけ重要な要素であり、必ず明確にする必要がある。さらに、最終的な期限だけでなく、中間の決定や目標の期限も守ることが重要である。それによって、メンバー間の調整不足があきらかになり、コストが大きくなる前に対処できるからである。

不測事態と最悪ケースのシナリオ分析……責任感に問題を抱えるチームは、この傾向を克服する手はじめとして、事前に不測の事態についての計画を簡単に話し合うか、できれば決定事項に関する最悪ケースのシナリオを明確にしておくとよい。この方法をとれば、通常、決定がまちがっていてもそのコストは致命的でなく、想像よりはるかにダメージが少ないことが理解できる。

低リスク療法……責任を恐れるチームのためのもう一つの対処法は、比較的リスクの低い状況で決断力を示すことである。分析や調査はほとんど行わず、ただし十分に話し合ったうえで決定する体験をすれば、予想以上によい決定ができたことに気づくはずである。さらに、長々と時間をかけて調査した場合と、決定の内容があまり変わらないことに気づく。調査や分析が不要だとか重要でないと言っているのではない。この機能不全を抱えるチームは、それらを過大評価する傾向があるのだ。

リーダーの役割

リーダーは、チームのどのメンバーよりも、決定が結果的にまちがっていても動じないことが必要である。またリーダーは、問題についてつねにグループの議論を促し、チームで決めたスケジュールを守るよう求める必要がある。リーダーが注意すべき点は、確実性や全員一致を重視しすぎないことである。

第四の機能不全との関連

これらのことは、次の機能不全である説明責任の回避とどのように関連するのか。チームメイトが互いの態度や行動をとがめるためには、何が期待されているのかを明確に理解している必要がある。説明責任を何よりも重視する人でさえ、決定が守られなかったり、そもそも明確にされなかったりしたことについて、人の責任を追求するのは避けたがる。

第四の機能不全
説明責任の回避

「説明責任」という言葉は流行になり、「権限委譲」や「品質」といった言葉とおなじように、使われすぎて本来の意味が損なわれている。チームワークに関して、この言葉は、メンバーが仲間に対して、チームに悪影響を与えかねない行動や態度をとがめようとすることを意味する。

この機能不全の本質は、仲間の態度をとがめることによって対人関係が気詰まりになることに耐えようとしないことと、難しい会話は避けようとする人間の一般的な性質である。優れたチームは、このような本来の性質を克服し、他人との「危険領域に踏み込む」ことを選択する。

もちろん、たとえ強力な人間関係を築いている結束の固いチームにとっても、言うのは易く、実行に移すのは難しい。むしろチームのメンバー同士が親しいと、貴重な人間関係を危険にさらすことを恐れ、相手の責任を追求するのをためらうことがある。しかし、互いが期待を裏切ったこと、グループの基準を低下させたことに対し、メンバーが憤るようになり、かえって人間関係が悪化するだけである。優れたチームのメンバーは、互いの責任を追求することによって、相手を尊敬していること、相手の仕事ぶりに高い期待を寄せていることを示し、それによって人間関係を向上させる。

こうしたやり方を「政治的」と思われるかもしれないが、チームの仕事で高い水準を維持するために最も有効な手段は、仲間同士のプレッシャーである。その利点の一つは、業績管理や改善措置をめぐる官僚主義的な手続きが少なくて済むことだ。尊敬するチームメイトの期待を裏切ることに対する恐怖は、どのような方針やシステムよりも、いい仕事をしようという意欲につながる。

第四の機能不全を克服するには

説明責任を追求するには、チームはどうしたらいいだろうか。この機能不全を克服するカギは、単純だが効果のあるいくつかの古典的な管理手法に従うことである。

目標と基準の公表……メンバーが互いの責任を追求しやすくなる方法の一つは、チームが何を達成すべきか、誰が何を実行する必要があるか、成功するためには全員がどのように行動する必要があるか、を明確にすることである。説明責任の敵はあいまいさである。最初にチームで計画や行動基準を決めた場合でも、その約束を公表し、誰も簡単に無視できないようにすることが重要である。

簡単な定期進捗レビュー……わずかな枠組みをつくるだけで、本来はとりたくない行動でも、はるかにとりやすくなる。他人の行動に対するフィードバックとなると、なおさらである。チームのメンバーは、決定した目標や基準と比べてチームメイトの行動をどう思うかを、口頭か文書で定期的に伝え合う必要がある。これについて、明確な予定や枠組みをつくらずに、各自の裁量に任せた場合、説明責任の回避をまねく恐れがある。

説明責任を回避するチームは……

仕事の基準が異なるメンバーが互いに憤るようになる。
並の仕事で満足するようになる。
期日に遅れたり、重要な約束をやぶったりする。
責任を追求する仕事をリーダーに押しつける。

互いの説明責任を追求するチームは……

仕事の基準が低い人に、改善しようというプレッシャーを感じさせる。
互いのやり方にためらわず疑問を投げかけることで、潜在的な問題を早く見つける。
メンバーが尊敬しあい、おなじ高い水準を維持するようになる。
業績管理と改善措置をめぐる過剰な官僚主義を避けられる。

チーム報奨……個人の業績ではなくチームの業績に対して報奨を与えるようにすると、チーム内に説明責任の文化が生まれる。誰かが役割を果たさなかった場合、チームが傍観していて失敗する可能性が低くなるからである。

リーダーの役割

チームの説明責任を徹底したいリーダーにとって、とりわけ難しい課題は、チームが説明責任に関して最大の役割を果たすよう働きかけることである。強力なリーダーは、規律を守らせる役割を自分自身が一手に引き受け、チーム内に説明責任の空白をつくりがちである。メンバーは、リーダーがほかの人の責任を追求してくれると考え、正しくない行動を見てもとがめないようになるのである。

しかし、リーダーがチームに説明責任の文化をつくった場合、自分はチームが失敗したときの最終的な仲裁の役割を果たさなければならない。このようなことはめったに起きないが……。しかし、説明責任は全員一致で決めるようなことではなく、チーム全員で分担する仕事であること、必要なときにはリーダーがためらわず手を貸すことを、チームのメンバー全員にはっきり知らせておく必要がある。

第五の機能不全との関連

これらのことは、次の機能不全である結果への無関心とどのように関連するのか。互いの役割分担の責任を追求しないと、メンバーはしだいに自分のニーズばかりに目を向け、自分と自分の部署の評価ばかりに気をとられるようになる。説明責任を問わないと、チームのメンバーは、全体の結果以外の分野に注意を向けるようになる。

第五の機能不全
結果への無関心

チームの究極の機能不全は、メンバーがグループ全体の目標以外のことを気にするようになることである。チームの成果によって自己診断するには、具体的な目標と明確に定義した結果を徹底的に重視する必要がある。

ここでいう結果とは、利益、売上高、株主資本利益率といった財務指標にかぎらない。資本主義経済において、企業の多くは、最終的にこれらを基準に成功を測ることは真実だが、ここでいう結果はそれよりはるかに広い意味をもち、結果をもとに仕事をするためのものである。

優れた組織は、必ず一定期間に達成すべき成果を計画している。これらの目標は、財務指標だけでなく、管理可能な短期的な指標のほとんどが含まれている。企業にとって究極の結果指標は利益かもしれないが、途中の過程で経営陣が自分たちのために設定する目標は、チームとしてどのような結果をめざして努力するかを表すものである。ひいては、これらの目標が利益を押し上げる。

しかし、結果以外でチームが重視するものとは、どのようなものだろうか。その最大の候補が、チームの地位と個人の地位である。

チームの地位……チームのメンバーが、単にグループの一員であることに満足できなくなることがある。そのようなチームは、具体的な結果は達成できるに越したことはないが、そのために犠牲を払い、不便を強いられる価値があるとは考えられない。ばかげているようにも思えるが、地位に幻惑されるチームは多い。慈善目的の非営利組織が、自分たちの使命の崇高さだけでメンバーが満足できるはずだと信じるようになるのも、おなじようなことである。政治組織、学術組織、一流企業なども、成功とは「特別な」組織になることだと考え、この機能不全に陥る危険性がある。

個人の地位……これは、チームを犠牲にして自分の地位やキャリアを高めたいという、ありがちな人間の性質をさす。人には必ず、自己防衛本能が備わっているが、チームが機能するためには、各メンバーが、個人の目標よりグループ全体の結果を優先しなければなら

結果を重視しないチームは……

成長に苦しむ。
競争相手に勝てない。
達成指向の従業員を失う。
メンバーが自分のキャリアと個人の目標を重視するようになる。
すぐに気が逸れる。

全体の結果を重視するチームは……

達成指向の従業員を維持できる。
利己的な行動がほとんどない。
成功を喜び、失敗をくやしがる。
個人の目標や利益よりチームの利益を優先させるメンバーから恩恵を受ける。
余計なことに気をとられない。

ない。

この機能不全は、簡単なものに思えるかもしれないし、当然避けるべきものだと思うかもしれないが、現実には結果を重視しないチームが多いことを知っておくべきである。そのようなチームは、有意義な目標を達成するために存在しているのではなく、単に存続することが目的である。このようなグループの場合、信頼や衝突や責任感や説明責任がいくらあっても、成功しようという意思のなさを補うことはできない。

第五の機能不全を克服するには

結果を重視するには、チームはどうしたらいいだろうか。結果とは何かを明確にし、その結果に貢献する行動だけに報いることである。

結果の宣言……フットボールやバスケットボールの監督にとって、チームのメンバーがとる最悪の行動は、自分のチームが次の試合に勝つと公言することである。スポーツ・チームの場合、これが問題なのは、無用に敵を刺激するからである。しかし、たいていのチームの場合、成功する意図を公言することはプラスになる。

具体的な結果を公約しようとするチームは、情熱をもって努力し、なんとしてもその結果を達成しようとする可能性が高い。「ベストを尽します」といった約束するチームは、意図的ではないにせよ、ひそかに失敗したときに備えているのである。

結果にもとづく報奨……チームのメンバーに結果を重視させる有効な方法は、具体的な結果の達成に連動して報奨を与えることである。この方法だけに頼ることは、行動を引き出すものは金銭的な動機づけしかないということが前提になるため、問題である。しかし、結果を出せなくても「がんばった」というだけでボーナスを渡すことは、結果を達成することがさほど重要ではないというメッセージを伝えることになる。

リーダーの役割

結果の重視については、おそらくほかのどの機能不全より、リーダーが先頭に立つ必要があるだろう。リーダーが結果以外のものを重視しているとメンバーが感じれば、自分たちもそうしていいという意味に解釈する。リーダーは利己心を捨て、客観的になり、グループの目標達成に本当に貢献した人だけに評価と報酬を与えるべきである。

まとめ

ここには多くの情報を盛り込んだが、チームワークとは、少数の原則を長期にわたって実践することにほかならない。成功するために必要なのは、複雑難解な理論をマスターすることではなく、途方もない自制心と根気をもって常識を実践することである。

チームが成功するのは、その人間らしさゆえである。機能するチームのメンバーは、人間が不完全であると認めることによって、信頼、衝突、責任感、説明責任、結果重視をこれほど難しいものにしている生来の性質を克服するのである。

訳者あとがき

本書は、パトリック・レンシオーニのビジネス・フィクション三部作の最新作である。レンシオーニは、オラクル、サイベースなどで組織開発の仕事にたずさわった後、一九九七年にテーブル・グループという経営コンサルティング会社を設立した。その翌年、みずからの経験の集大成と経営者向けの指針を兼ねて、"The Five Temptations of a CEO"(邦訳『意思決定5つの誘惑——経営者はこうして失敗する』ダイヤモンド社)を発表し、ビジネス・フィクションの世界に衝撃のデビューを果たした。ビジネス・フィクションといえば、原著発行から一七年を経て日本語版が発刊された『ザ・ゴール』(ダイヤモンド社)などが記憶に新しいが、ここ数年、このような形式のビジネス書があらためて注目されているようだ。企業経営陣の文化と慣行に的をしぼったレンシオーニの著書は、米国では新しいタイプのビジネス・フィクションとして一躍ベストセラーとなり、すでに一〇カ国語以上に翻訳されている。

『意思決定5つの誘惑』では、企業リーダーが失敗を恐れ、保身に走るために陥りがちな罠が描かれている。二年後の二〇〇〇年に発表された"Four Obsessions of an Extraordinary Executive"（邦訳『なぜあなたのチームは力を出しきれないのか』日経BP社）では、かけひきがなく人材が定着する健全な組織作りがテーマになっている。さらに二年後の二〇〇二年に発表されたのが、この『あなたのチームは、機能してますか？』（原題"The Five Dysfunctions of a Team"）である。

本書のテーマはチーム作りである。あらゆる種類のチームにあてはまる内容だが、その中でも特に企業経営陣というトップチームが取り上げられている。舞台はシリコンバレーの新興ハイテク企業、そこへ旧弊な自動車業界から女性CEOがやってくる。それまで一見波風も立てずにやってきた経営陣は、この新任CEOによってかき回されるが、やがて波瀾を乗り越え、活気あふれる新しいチームへと生まれ変わっていく。チームが健全に機能するために必要な要素をフィクションの形で描き出し、巻末ではそれをモデル化して解説している。著者がめざしたと言うとおり、一息に読むことができると思う。

本書の翻訳版刊行は、翔泳社の中村理氏のご尽力によって実現した。この場を借りて心からお礼申し上げたい。

二〇〇三年五月

伊豆原　弓

本書内容に関するお問い合わせについて

このたびは翔泳社の書籍をお買い上げいただき、誠にありがとうございます。
弊社では、読者の皆様からのお問い合わせに適切に対応させていただくため、以下のガイドラインへのご協力をお願いしております。左記項目をお読みいただき、手順に従ってお問い合わせください。

ご質問される前に

弊社Ｗｅｂサイトの「正誤表」をご参照ください。これまでに判明した正誤や追加情報が掲載されています。

正誤表　http://www.shoeisha.co.jp/book/errata/

ご質問方法

弊社Ｗｅｂサイトの「刊行物Ｑ＆Ａ」をご利用ください。

刊行物Ｑ＆Ａ　http://www.shoeisha.co.jp/book/qa/

インターネットをご利用でない場合は、ＦＡＸまたは郵便にて、左記〝翔泳社 愛読者サービスセンター〟までお問い合わせください。
電話でのご質問は、お受けしておりません。

回答について

回答は、ご質問いただいた方法にそってご送付いたします。ご質問の内容によっては、回答に数日ないしはそれ以上の期間を要する場合があります。

ご質問に際してのご注意

本書の対象を越えるもの、記述個所を特定されていないもの、
また読者固有の環境に起因するご質問等にはお答えできませんので、あらかじめご了承ください。

郵便物送付先およびＦＡＸ番号

送付先住所　〒１６０-０００６ 東京都新宿区舟町５
ＦＡＸ番号　０３-５３６２-３８１８
宛先（株）翔泳社 愛読者サービスセンター

＊本書に記載されたＵＲＬ等は予告なく変更される場合があります。
＊本書の出版にあたっては正確な記述に努めましたが、著者および出版社のいずれも、本書の内容に対してなんらかの保証をするものではなく、内容やサンプルに基づくいかなる運用結果に関してもいっさいの責任を負いません。

THE **FIVE** DYSFUNCTIONS OF A **TEAM**

著者紹介

パトリック・レンシオーニ
Patrick Lencioni

組織と経営チームの強化育成を専門とする経営コンサルティング会社、テーブル・グループ社長。
現在同社は、バイン&カンパニー社、オラクル社、サイベース社をクライアントに擁している。
また、著作としては、『Five Temptations of a CEO
（意志決定5つの誘惑――経営者はこうして失敗する、ダイヤモンド社）』
『The Four Obsessions of an Extraordinary Executive
（なぜあなたのチームは力を出しきれないのか、日経BP社）』がある。

訳者紹介

伊豆原 弓
いずはら・ゆみ

翻訳家。1966年生まれ。訳書に『ゆとりの法則』（日経BP社）、
『情報ビジネスの未来』（TBSブリタニカ）、
『イノベーションのジレンマ 増補改訂版』（翔泳社）などがある。

編集
中村 理・小川史晃

カバーイラストレーション
楠 伸生

装幀
日下充典

本文デザイン・本文イラストレーション
KUSAKAHOUSE

DTP
株式会社ムックハウスJr.

THE **FIVE** DYSFUNCTIONS OF A **TEAM**

あなたのチームは、機能してますか？

2003年6月17日　初版第1刷発行
2025年1月25日　初版第12刷発行

著者
パトリック・レンシオーニ

訳者
伊豆原 弓

発行人
佐々木 幹夫

発行所
株式会社翔泳社
https://www.shoeisha.co.jp

印刷・製本
大日本印刷株式会社

 ISBN978-4-7981-0368-6